DLI PARENT BOOKS

SPEAKING TOGETHER™ in SPANISH

Primary Level, Book 1

Let's talk about school.
Vamos a hablar de la escuela.

Writer: **Marie Urquidi**

Illustrator: **Tracy Lynn Rabago**

Spanish Editor: **Noelle Brooks**

WATCH VIDEOS ON
www.DLIParentBooks.com

Dear Reader,

As you use DLI Parent Books, please keep in mind that the translations are reflective of the editor's use of the language. Different regions around the world will have varied pronunciation styles, definitions, and expressions. The intent was to keep the phrases simple, so we did not use as many formal phrases.

Please use DLI Parent Books to encourage a love of learning a new language.

Thanks for choosing DLI Parent Books. Feel free to contact me.

Best,
Marie
marie@dliparentbooks.com

Copyright ©2021 by DLI Parent

ALL RIGHTS RESERVED

No part of this book may be reproduced, stored in a retrieval system or transmitted in any form or by any means electronic, mechanical, photocopying, recording, scanning, or otherwise, without the prior written permission of the publisher.

INTRODUCTION

Marie Tang Urquidi, Creator

As a mom of three living in Southern California, I was raised speaking only English. Both of my parents came from the Philippines, and like myself and my husband, many families of different cultures didn't pass on their native language to their children. I feel very fortunate to have my children in a Spanish Dual Language Immersion program where they will be taught to speak, read, and think in Spanish by the time they graduate. Their achievement in learning a new language has been amazing, but I frequently found myself unable to bring more Spanish dialogue into our home. Through our school's program, I learned that modeling the best linguistic pronunciation wasn't necessary for learning a new language. In fact, daily practice and consistency were more valuable for new language learners. I developed these books to bring language into our home and make it easier for parents to be part of their children's journey to becoming bilingual or even trilingual!

WHY DLI PARENT BOOKS?

1) EASY TO USE

I took a few Spanish classes in high school, so I thought I could easily communicate with my kindergartners. While working with them on their Spanish homework, I found that I was intimidated and realized I needed more encouragement. I created the scripted prompts and activities as a way to ease myself, parents, and children into speaking and learning a new language together.

2) COMPLIMENT WITH OTHER LANGUAGE PROGRAMS

With so many other language learning programs, books, and apps, I wanted DLI Parent Books to be another resource to accompany what is already available to them at home and at school. My goal was to create a product that allows users to casually converse in a new language that seems natural and easy.

3) HERITAGE

I grew up with Tagalog spoken in the home. Though I never learned the language, I'm using DLI Parent Books to introduce Tagalog to my children. I feel it'll help connect them to their Filipino heritage and gain more quality time with their grandparents. I'm happy to report that I've even learned some Tagalog since I began this project.

4) MADE FOR TALKING!

These books intend to help adults and children speak, listen, and learn a new language by doing a page or more a day. Through these easy activities, the goal is to make it fun and engaging for daily use.

5) LIFE-LONG BENEFITS

There are many benefits to being multi-lingual. Beyond having an academic advantage, a bilingual student will have more career and cultural opportunities later in life. Our family has focused on making sure our children have a bright and fulfilling future. These books not only create more quality time for us, but it encourages our children to learn more about themselves and the people around them.

HOW TO USE THIS BOOK

1) Gather **CRAYONS and PENCILS** for this workbook.

2) SIT ON THE LEFT SIDE of your student, so that you can read the ADULT PROMPTS more easily.

3) Review **page 2** for **ADULT PHRASES AND STUDENT PHRASES**. You will begin to use these phrases frequently as you go through the book.

4) Pick any activity you'd like to do and always **START AT THE TOP OF THE ACTIVITY PAGE** so that the child always focuses on the page in front of them. Use the Left Page to begin a conversation with your child.

5) Aim for **ONE OR TWO ACTIVIES PER DAY.**

Left Side: CONVERSATION PROMPTS FOR THE ADULT

Right Side: ACTIVITY PAGE FOR THE STUDENT

ADULT PHRASES

Good Morning	**Buenos días.** *(bweh-nohs DEE-ahs)*
Good Afternoon	**Buenas tardes.** *(bweh-nahs tahr-dehs)*
Sit next to me.	**Siéntate junto a mí.** *(see-EHN-teh-tey hoon-toh ah mee)*
Let's get started.	**Vamos a empezar.** *(bah-mohs ah ehm-peh-sahr)*
Do you remember where we left off?	**¿Recuerdas dónde terminamos?** *(rreh-kwehr-dahs DOHN-deh tehr-mee-nah-mohs)*
Thank you for helping me learn Spanish.	**Gracias por ayudarme a aprender español.** *(grah-syahs pohr ay-yoo-dah-meh ah ah-prehn-dehr ehs-pah-nyol)*
This is fun!	**Que divertido!** *(keh dee-behr-tee-doh)*

STUDENT PHRASES

Yes / No	**Sí.** *(SEE)* / **No.** *(noh)*
I don't know.	**No sé.** *(noh SEH)*
I don't understand.	**No entiendo.** *(noh ehn-tee-ehn-doh)*
Can you help me?	**¿Me puedes ayudar?** *(meh pweh-dehs ah-yoo-dahr)*
How do you say _____ in Spanish.	**¿Cómo se dice _____ en español?** *(KOH-moh seh dee-seh _____ ehn ehs-pah-nyohl)*
I'm learning to speak Spanish.	**Estoy aprendiendo a hablar español.** *(ehs-toy ah-prehn-dee-ehn-doh ah ah-blahr ehs-pah-nyohl)*
Can we do another page?	**¿Podemos hacer otra página?** *(poh-deh-mohs ah-sehr oh-trah PA-hee-nah)*
Thank you.	**Gracias.** *(grah-syahs)*

BASICS OF SPANISH PRONUNCIATION

Spanish is a phonetic language that is quite easy to pronounce, but there are some main sounds that differ from the way they are pronounced in English. Some of these sounds, such as the phoneme rr, does not exist in English, so they present a challenge for English speakers who are learning this new language. Constant and regular practice is the answer and by repeating new sounds and speaking at a normal conversation level, your mouth will learn to produce these sounds correctly.

Vowels:
A (ah) : "a" sounds the same as the one contained in the word "f<u>a</u>ther"
E (eh): "e" sounds the same as "g<u>e</u>t".
I (ee): "i" is pronounced in the same way as in "mach<u>i</u>ne".
O (oh): "o" sounds the same way as in "<u>o</u>pen".
U (oo): "u" has the same pronunciation as "sp<u>oo</u>n".

Combination of vowel sounds:
[ai] or [ay]: "<u>eye</u>".
[au]: pronounced in the same way as in "c<u>ow</u>".
[ei] or [ey]: pronounced in the same way as in "h<u>ey</u>"
[oi] or [oy]: pronounced in the same was "t<u>oy</u>"

Consonants:
While many consonants sound the same in Spanish as in English, here are some that are different.
[j]: pronounced similar to the English "h" of "hello".
[ñ]: pronounced in the same way as "ca<u>ny</u>on" and "o<u>ni</u>on".
[rr]: pronounced with a strong vibration of the tongue
[z]: pronounced as an s.

El / La and Los / Las:
"El" and "la" are used like "the" in English. In Spanish, nouns have a gender depending on how they are used or how they sounds. For example, the English word for "teacher" can be used to describe a male teacher or female teacher. In Spanish, "<u>el</u> maestro" is for a male teacher and "<u>la</u> maestra" is for female. There is a plural version of "el" and "la" and they are "los" and "las." For example, the translation for "the apples" is "<u>las</u> manzanas" and the word "the dogs" is "<u>los</u> perros."

NOTES

PLEASE KEEP IN MIND THE FOLLOWING

1) HAVE FUN!
Children learn better when they don't know they are being taught.

2) BE YOU.
Though you might not be the perfect linguistic model for your child, you are modeling good behavior.

3) PRACTICE PATIENCE.
Use both English and Spanish when you first begin working together. As both of you become more comfortable with the language, then move to speaking only in Spanish.

4) ALLOW FOR MISTAKES.
Allow children to make mistakes rather than correcting them in their pronunciation or use of words. Children can be fragile when learning something new and can easily give up.

5) THANK YOUR CHILD.
Children like to share what they have learned and they also love to help. Let them know that they are helping you learn or to re-learn Spanish.

LET'S COLOR TOGETHER

Vamos a colorear juntos
bah-mohs ah koh-lohr-ee-ahr hoon-tohs

TALKING AND COLORING

READ PHRASES THAT ARE APPLICABLE TO YOU

I am your mom.	**-Soy tu mamá.** *(soy too mah-MAH)*
I am your dad.	**-Soy tu papá.** *(soy tu pah-PAH)*
I am your friend.	**-Soy tu amigo(a).** *(soy too ah-mee-goh - gah)*
Grandma	**-Abuela** *(ah-bweh-lah)*
Grandpa	**-Abuelo** *(ah-bweh-loh)*
Teacher	**-Maestro(a)** *(mah-ehs-troh / mah-ehs-trah)*

PLAY PRETEND

Guess what I am.	**-Adivina lo que soy.** *(ah-dee-bee-nah loh keh soy)*
I am a plane.	**-Yo soy un avión.** *(yoh soy oon ah-vee-ON)*
I am a monkey.	**-Yo soy un mono.** *(yoh soy oon moh-noh)*
What do you want to be?	**-¿Qué quieres ser?** *(KEH kyeh-rehs sehr)*
Pretend.	**-Pretende.** *(preh-ten-deh)*
A ninja.	**-Un ninja.** *(oon nihn-juh)* - do some ninja moves
A dog.	**-Un perro.** *(oon peh-rroh)* - bark like a dog
A cat.	**-Un gato.** *(oon gah-toh)* - meow like a cat

PHRASES FOR COLORING

Let's Color.	**-Vamos a colorear.** *(vah-mohs ah koh-lohr-eh-ahr)*
Which color do you want to use?	**-¿Qué color quieres utilizar?** *(KEH koh-lohr kee-ehr-ehs oo-tee-lee-sahr)*

Red **-Rojo** *(rroh-hoh)*	Blue **-Azul** *(ah-sool)*
Yellow **-Amarillo** *(ah-mah-ree-yoh)*	Brown **-Café** *(kah-FEH)*
Green **-Verde** *(behr-deh)*	Orange **-Naranja** *(nah-rahng-hah)*

I am a doctor.
Soy un doctor.
(soy oon dohk-tohr)

TALKING AND COLORING

READ PHRASES THAT ARE APPLICABLE TO YOU

You are a boy.	-Tú eres un niño. *(too eh-rehs oon nee-nyo)*
You are a girl.	-Tú eres una niña. *(too eh-rehs ooh-nah nee-nyah)*
You are a student.	-Tú eres un(a) estudiante.
	(too ehrehs oon/ah ehs-too-dyahn-teh)
You are my son - daughter.	-Tú eres mi hijo(a). *(too eh-rehs mee ee-ho/ha)*
You are fun.	-Eres divertido(a)! *(eh-rehs dee-behr-tee-doh/dah)*
You are nice.	-Eres agradable. *(eh-rehs ah-grah-dah-bleh)*
You are a great kid.	-Eres un gran niño(a).
	(eh-rehs oon grahn nee-nyo/nya)

DRAW ON THE NEXT PAGE AND USE SPANISH PHRASES BELOW

This is your head.	-Esta es tu cabeza. *(ehs-tah ehs too kah-beh-sah)*
This is your body.	-Este es tu cuerpo. *(ehs-teh ehs too kwer-poh)*
I'm going to draw your arms next.	-Voy a dibujar tus brazos después.
	(voy ah dee-boo-har toos brah-sohs dehs-pwehs)
Here are your legs.	-Aquí están tus piernas.
	(ah-kee ehs-TAHN toos pyerh-nahs)
What do you think?	-¿Qué piensas? *(KEH pyehn-sahs)*
Now it's your turn to draw.	-Ahora es tu turno de dibujar.
	(ah-oh-rah ehs too toor-noh deh dee-boo-hahr)
Draw your eyes.	-Dibuja tus ojos. *(dee-boo-ha toos oh-hohs)*
Draw your nose.	-Dibuja tu nariz. *(dee-boo-ha too nah-rees)*
Draw your mouth.	-Dibuja tu boca. *(dee-boo-ha too boh-kah)*
Draw your ears.	-Dibuja tus orejas. *(dee-boo-ha toos oh-reh-hahs)*
Draw your hair.	-Dibuja tu cabello. *(dee-boo-ha too kah-beh-yoh)*
Very good.	-Muy bien. *(mwee byehn)*

I'm going to draw you.
Te voy a dibujar.
(teh voy ah dee-boo-hahr)

TALKING AND COLORING

USE THE PHRASES BELOW TO COLOR THE NEXT PAGE

This is a small turtle.	**-Esta es una pequeña tortuga.**
	(ehs-tah ehs oo-nah peh-keh-nya tohr-too-gah)
What should we color it?	**-¿Qué color deberíamos utilizar para colorearlo?**
	(KEH koh-lohr deh-beh-REE-ah-mos
	oo-tee-lee-sahr pah-rah koh-loh-reh-ahr-loh)
This is a purple crayon.	**-Este es un crayón morado.**
	(ehs-teh ehs oon krah-YOHN moh-rah-doh)
Which color do you want to use?	**-¿Qué color quieres usar?**
	(KEH koh-lohr keh-ee-rhes oo-sahr)
Red	**-Rojo** *(rroh-hoh)*
Blue	**-Azul** *(ah-sool)*
Yellow	**-Amarillo** *(ah-mah-ree-yoh)*
Brown	**-Café** *(kah-FEH)*
Green	**-Verde** *(behr-deh)*
Orange	**-Naranja** *(nah-rahng-hah)*
That's a good idea!	**-¡Es una buena idea!**
	(ehs oo-nah bweh-nah ee-deh-ah)
This is its shell.	**-Este es su caparazón.**
	(ehs-teh ehs soo kah-pah-rah-SOHN)
Their shell protects them.	**-Su caparazón los protege.**
	(soo kah-pah-rah-SOHN lohs proh-teh-heh)
Do you want to name this turtle?	**-¿Quieres ponerle nombre a esta tortuga?**
	(kee-eh-res poh-nehr-leh nohm-breh
	ah ehs-tah tohr-too-gah)
Let me write the name down.	**-Déjame escribir el nombre.**
	(DEH-hah-meh ehs-kree-beer ehl nohm-breh)

This is a small turtle.
Esta es una pequeña tortuga.
(ehs-tah ehs oo-nah peh-keh-nyah tohr-too-gah)

Name / **Nombre** *(nohm-breh)* : _____

TALKING AND COLORING

USE PHRASES THAT ARE APPLICABLE TO YOU

This is a jump rope.	**-Esta es una cuerda de saltar.**
	(ehs-tah ehs oon-nah kwer-dah deh sahl-tahr)
Can you jump rope?	**-¿Puedes saltar la cuerda?**
	(pweh-dehs sahl-tar lah kwer-dah)
I can jump.	**-Yo puedo saltar.** *(yoh pweh-doh sahl-tar)*
Can you jump?	**-¿Puedes saltar?** *(pweh-dehs sahl-tar)*
I can laugh.	**-Puedo reír.** *(pweh-doh rreh-EERR)*
Can you laugh?	**-¿Puedes reír?** *(pweh-dehs rreh-eerr)*
I can run.	**-Puedo correr.** *(pweh-doh koh-rrehr)*
Can you pretend to run?	**-¿Puedes fingir correr?**
	(pweh-dehs feen-heer koh-rrehr)
I can sit down.	**-Puedo sentarme.**
	(pweh-doh sehn-tahr-meh)
Can you sit down.	**-¿Puedes sentarte?**
	(pweh-dehs sehn-tahr-teh)

PHRASES FOR COLORING

Let's Color.	**-Vamos a colorear.**
	(vah-mohs ah koh-lohr-eh-ahr)
Which color do you want to use?	**-¿Qué color quieres utilizar?**
	(KEH koh-lohr kee-ehr-ehs oo-tee-lee-sahr)

Red **-rojo** *(rroh-hoh)*	Blue **-azul** *(ah-sool)*
Yellow **-amarillo** *(ah-mah-ree-yoh)*	Brown **-café** *(kah-FEH)*
Green **-verde** *(behr-deh)*	Orange **-naranja** *(nah-rahng-hah)*
Purple **-morado** *(moh-rah-doh)*	Pink **-rosado** *(roh-sah-doh)*

Jump Rope
Cuerda de Saltar
(kwer-dah deh sahl-tahr)

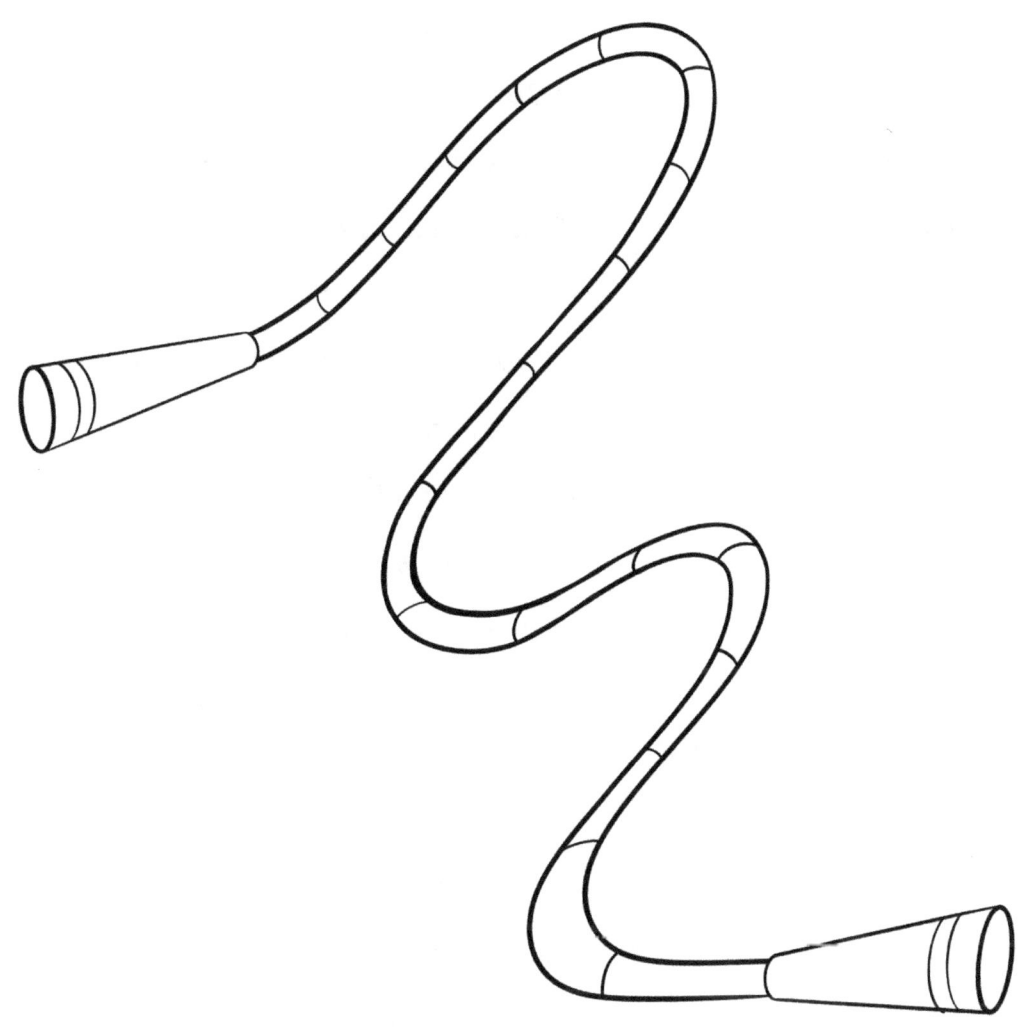

TALKING AND COLORING

DESCRIBE THINGS IN THE ROOM THAT ARE FAR FROM YOU

Let's describe things in the room that are far from us.	-Vamos a describir las cosas en la habitación que están lejos de nosotros. *(bah-mohs ah dihs-kree-bahr-mohs lahs koh-sahs ehn lah ah-bee-tah-SYOHN keh ehs-TAHN leh-hohs deh noh-soh-trohs)*
What do you see?	-¿Qué ves? *(KEH behs)*
That is a picture.	-Esa es una foto. *(eh-sah ehs oo-nah foh-toh)*
That is a cup.	-Esa es una taza. *(eh-sah ehs oo-nah tah-sah)*
That is a tv.	-Ese es un televisor. *(eh-seh ehs oon teh-leh-bee-sohr)*
That is a couch	-Ese es un sofá. *(eh-seh ehs oon soh-FAH)*
That is a refrigerator.	-Ese es un refrigerador. *(eh-seh ehs oon rreh-free-heh-rah-dohr)*
That is a rug.	-Esa es una alfombra. *(eh-sah ehs oo-nah ahl-fohm-brah)*

PHRASES FOR COLORING

Let's Color.	-Vamos a colorear. *(vah-mohs ah koh-lohr-eh-ahr)*
Which color do you want to use?	-¿Qué color quieres utilizar? *(KEH koh-lohr kee-ehr-ehs oo-tee-lee-sahr)*

Red **-rojo** *(rroh-hoh)*   Blue **-azul** *(ah-sool)*

Yellow **-amarillo** *(ah-mah-ree-yoh)*   Brown **-café** *(kah-FEH)*

Green **-verde** *(behr-deh)*   Orange **-naranja** *(nah-rahng-hah)*

Purple **-morado** *(moh-rah-doh)*   Pink **-rosado** *(roh-sah-doh)*

Bird
El Pájaro
(ehl PAH-hah-roh)

TALKING AND COLORING

USE PHRASES THAT ARE APPLICABLE TO YOU

Let's see what we have around here. — **-Vamos a ver que tenemos por aquí.**
(bah-mohs ah behr keh teh-neh-mohs pohr ah-KEE)

We have pencils, crayons, and markers. — **-Tenemos lápices, crayones y marcadores.**
(teh-neh-mohs LAH-pees-es krah-yoh-nehs ee mar-kah-doh-rehs)

We have our workbook. — **-Tenemos nuestro libro de trabajo.**
(teh-neh-mohs nwehs-troh lee-broh deh trah-bah-hoh)

We have an eraser. — **-Tenemos un borrador.**
(teh-neh-mohs oon boh-rrah-dohr)

We have water on the table. — **-Tenemos agua en la mesa.**
(teh-neh-mohs ah-gwah ehn lah meh-sah)

We have each other. — **-Nosotros nos tenemos.**
(noh-soh-trohs nohs teh-neh-mohs)

PHRASES FOR COLORING

Let's Color. — **-Vamos a colorear.**
(vah-mohs ah koh-lohr-eh-ahr)

Which color do you want to use? — **-¿Qué color quieres utilizar?**
(KEH koh-lohr kee-ehr-ehs oo-tee-lee-sahr)

Red **-rojo** *(rroh-hoh)* Blue **-azul** *(ah-sool)*
Yellow **-amarillo** *(ah-mah-ree-yoh)* Brown **-café** *(kah-FEH)*
Green **-verde** *(behr-deh)* Orange **-naranja** *(nah-rahng-hah)*
Purple **-morado** *(moh-rah-doh)* Pink **-rosado** *(roh-sah-doh)*

Tickets
Las Entradas
(lahs ehn-trah-dahs)

TALKING AND COLORING

USE PHRASES THAT ARE APPLICABLE TO YOU

What else can you put in your backpack?	-¿Qué más puedes poner en tu mochila? *(KEH MAHS pwe-dehs poh-nehr ehn too moh-chee-lah)*
Lunch	-Almuerzo. *(ahl-mwehr-soh)*
Snack	-Bocado. *(boh-kah-doh)*
Water bottle	-Botella de agua. *(boh-teh-yah deh ah-gwah)*
What can fit into my pocket?	-¿Qué puede caber en mi bolsillo? *(KEH pweh-deh kah-behr ehn mee boh-see-yoh)*
My keys?	-¿Mis llaves? *(mees yah-behs)*
My phone?	-¿Mi celular? *(mee ceh-loo-lahr)*
What goes in your shoe?	-¿Qué va en tu zapato? *(KEH vah ehn too sah-pah-toh)*
Your foot.	-Tu pie. *(too pyeh)*
What goes in your cereal?	-¿Qué va en tu cereal? *(KEH vah ehn too seh-reh-ahl)*
Milk.	-Leche. *(leh-cheh)*

PHRASES FOR COLORING

Let's Color.	-Vamos a colorear. *(vah-mohs ah koh-lohr-eh-ahr)*
Which color do you want to use?	-¿Qué color quieres utilizar? *(KEH koh-lohr kee-ehr-ehs oo-tee-lee-sahr)*

Red **-rojo** *(rroh-hoh)*   Blue **-azul** *(ah-sool)*

Yellow **-amarillo** *(ah-mah-ree-yoh)*   Brown **-café** *(kah-FEH)*

Green **-verde** *(behr-deh)*   Orange **-naranja** *(nah-rahng-hah)*

Purple **-morado** *(moh-rah-doh)*   Pink **-rosado** *(roh-sah-doh)*

My jacket is in my backpack.
Mi chaqueta está en mi mochila.
(mee chah-keh-tah ehs-TAH ehn mee moh-chee-lah)

SPANISH ALPHABET

Aa (ah)
Bb (beh)
Cc (seh)
Dd (deh)
Ee (ey)
Ff (eh-feh)
Gg (hay)
Hh (ah-chay)
Ii (ee)
Jj (hoh-tah)
Kk (kah)
Ll (eh-lay)
Mm (eh-may)

Nn (eh-neh)
Ññ (eh-nyay)
Oo (oh)
Pp (peh)
Qq (koo)
Rr (eh-rray)
Ss (eh-say)
Tt (teh)
Uu (ooh)
Vv (ooh-vay)
Ww (doh-bleh vay)
Xx (eh-kees)
Yy (yeh)
Zz (seh-tah)

Aa (ah)

I'm going to write the letter A. **-Voy a escribir la letra A.**
(voy ah ehs-kree-beer lah leh-trah ah)

Trace the letter. **-Traza la letra.** *(trah-sah lah leh-trah)*

Practice writing. **-Practica de escritura.** *(prahk-tee-kah deh ehs-kree-too-rah)*

Uppercase and Lowercase **-Mayúscula y Minúscula**
(mah-YOOS-koo-lah ee mee-NOOS-koo-lah)

How do you say _____ in Spanish?
¿Cómo se dice ... en español?
(KOH-moh seh dee-seh ___ ehn ehs-pah-nyol)

Can you tell me some words that begin with the letter A.
¿Puede decirme algunas palabras que comienzan con la letra A.
*(pweh-deh deh-seer-meh ahl-goo-nahs pah-lah-brahs
keh koh-myen-zahn kohn lah leh-trah ah)*

Abril *(ah-breel)* - April

Adiós *(ah-dee-OHS)* - Goodbye

Abeja *(ah-beh-hah)* - Bee

Alto *(ahl-toh)* - Tall

Andar *(ahn-dahr)* - Walk

Anillo *(ah-nyoh)* - Ring

Aprender *(ah-prehn-dehr)* - Learn

Arriba *(ah-rree-bah)* - Up

Artista *(ahr-tees-tah)* - Artist

Bb (beh)

I'm going to write the letter B. **-Voy a escribir la letra B.**
(voy ah ehs-kree-beer lah leh-trah beh)

Trace the letter. **-Traza la letra.** *(trah-sah lah leh-trah)*

Practice writing. **-Practica de escritura.** *(prahk-tee-kah deh ehs-kree-too-rah)*

Uppercase and Lowercase **-Mayúscula y Minúscula**
(mah-YOOS-koo-lah ee mee-NOOS-koo-lah)

How do you say _____ in Spanish?
¿Cómo se dice ... en español?
(KOH-moh seh dee-seh ___ ehn ehs-pah-nyol)

Can you tell me some words that begin with the letter B.
¿Puede decirme algunas palabras que comienzan con la letra B.
*(pweh-deh deh-seer-meh ahl-goo-nahs pah-lah-brahs
keh koh-myen-zahn kohn lah leh-trah beh)*

Bajo *(bah-hoh)* - Short

Bailar *(bay-lahr)* - Dance

Bombero *(bohm-beh-roh)* - Firefighter

El Bolso *(ehl bohl-soh)* - Purse

Bosque *(bohs-keh)* - Forest

La Bicicleta *(lah bee-see-kleh-tah)* - Bicycle

La Boca *(lah boh-kah)* - Mouth

La Bandera *(lah bahn-deh-rah)* - Flag

El Bolígrafo *(ehl boh-LEE-grah-foh)* - Pen

Cc (seh)

I'm going to write the letter C. **-Voy a escribir la letra C.**
(voy ah ehs-kree-beer lah leh-trah seh)

Trace the letter. **-Traza la letra.** *(trah-sah lah leh-trah)*

Practice writing. **-Practica de escritura.** *(prahk-tee-kah deh ehs-kree-too-rah)*

Uppercase and Lowercase **-Mayúscula y Minúscula**
(mah-YOOS-koo-lah ee mee-NOOS-koo-lah)

How do you say _____ in Spanish?
¿Cómo se dice ... en español?
(KOH-moh seh dee-seh ___ ehn ehs-pah-nyol)

Can you tell me some words that begin with the letter C.
¿Puede decirme algunas palabras que comienzan con la letra C.
*(pweh-deh deh-seer-meh ahl-goo-nahs pah-lah-brahs
keh koh-myen-zahn kohn lah leh-trah seh)*

El Caballo *(kah-bah-yoh)* - Horse

La Cabeza *(kah-beh-sah)* - Head

El Calendario *(kah-lehn-dahr-ee-oh)* - Calendar

La Casa *(kah-sah)* - House

El Carro *(kah-rroh)* - Car

La Cebra *(seh-brah)* - Zebra

La Cereza *(seh-reh-sah)* - Cherry

El Cielo *(syeh-loh)* - Sky

Cinco *(sin-koh)* - Five

Dd (deh)

I'm going to write the letter D. **-Voy a escribir la letra D.**
(voy ah ehs-kree-beer lah leh-trah deh)

Trace the letter. **-Traza la letra.** (trah-sah lah leh-trah)

Practice writing. **-Practica de escritura.** (prahk-tee-kah deh ehs-kree-too-rah)

Uppercase and Lowercase **-Mayúscula y Minúscula**
(mah-YOOS-koo-lah ee mee-NOOS-koo-lah)

How do you say _____ in Spanish?
¿Cómo se dice ... en español?
(KOH-moh seh dee-seh ___ ehn ehs-pah-nyol)

Can you tell me some words that begin with the letter D.
¿Puede decirme algunas palabras que comienzan con la letra D.
(pweh-deh deh-seer-meh ahl-goo-nahs pah-lah-brahs
keh koh-myen-zahn kohn lah leh-trah deh)

Dar (dahr) - To Give

Debajo de (deh-ba-hoh deh) - Under

Delante de (deh-lahn-teh deh) - In front of

Los Deportes (dee-pohr-tehs) - Sports

El diccionario (ehl doek-syoh-nah-ryoh) - Dictionary

Dormido(a) (dohr-mee-doh) - Asleep

Domingo (doh-ming-goh) - Sunday

El Diente (ehl diente) - Tooth

El Dedo (ehl deh-doh) - Finger

Ee (ey)

I'm going to write the letter E. **-Voy a escribir la letra E.**
(voy ah ehs-kree-beer lah leh-trah ey)

Trace the letter. **-Traza la letra.** *(trah-sah lah leh-trah)*

Practice writing. **-Practica de escritura.** *(prahk-tee-kah deh ehs-kree-too-rah)*

Uppercase and Lowercase **-Mayúscula y Minúscula**
(mah-YOOS-koo-lah ee mee-NOOS-koo-lah)

How do you say _____ in Spanish?
¿Cómo se dice ... en español?
(KOH-moh seh dee-seh ___ ehn ehs-pah-nyol)

Can you tell me some words that begin with the letter E.
¿Puede decirme algunas palabras que comienzan con la letra E.
*(pweh-deh deh-seer-meh ahl-goo-nahs pah-lah-brahs
keh koh-myen-zahn kohn lah leh-trah ey)*

Words that begin with E.
Palabras que comienzan con la letra E.
(pah-lah-brahs keh koh-myen-zahn kohn lah leh-trah ey)

El Elefante *(ehl-ehf-ahn-teh)* - Elephant

Empujar *(ehm-poo-har)* - Push

La Enfermera *(lah ehn-fehr-meh-rah)* - Nurse

La Ensalada *(lah ehn-sah-lah-dah)* - Salad

Equipo *(eh-kee-poh)* - Team

El Escritorio *(ehl ehs-kree-tah-ryoh)* - Desk

Escribir *(ehs-kree-beer)* - Write

La Estrella *(lah ehs-trey-ya)* - Star

Ff (eh-feh)

I'm going to write the letter F. **-Voy a escribir la letra F.**
(voy ah ehs-kree-beer lah leh-trah eh-feh)

Trace the letter. **-Traza la letra.** *(trah-sah lah leh-trah)*

Practice writing. **-Practica de escritura.** *(prahk-tee-kah deh ehs-kree-too-rah)*

Uppercase and Lowercase **-Mayúscula y Minúscula**
(mah-YOOS-koo-lah ee mee-NOOS-koo-lah)

―――――――――――――――――――――――――――――――
― ― ― ― ― ― ― ― ― ― ― ― ― ― ―
―――――――――――――――――――――――――――――――

How do you say _____ in Spanish?
¿Cómo se dice ... en español?
(KOH-moh seh dee-seh ___ ehn ehs-pah-nyol)

Can you tell me some words that begin with the letter F.
¿Puede decirme algunas palabras que comienzan con la letra F.
*(pweh-deh deh-seer-meh ahl-goo-nahs pah-lah-brahs
keh koh-myen-zahn kohn lah leh-trah eh-feh)*

La Familia *(lah fah-mee-leah)* - Family

La Fiesta *(lah fee-ehs-tah)* - Party

Flores *(floh-rehs)* - Flowers

La Fruta *(lah fru-tah)* - Fruit

Frío *(free-oh)* - Cold

La Flecha *(lah fleh-chah)* - Arrow

El Fútbol *(ehl FOOT-bohl)* - Soccer

Las Formas *(lahs fohr-mahs)* - Shapes

Febrero *(feb-reh-roh)* - February

Gg (heh)

I'm going to write the letter G. **-Voy a escribir la letra G.**
(voy ah ehs-kree-beer lah leh-trah heh)

Trace the letter. **-Traza la letra.** *(trah-sah lah leh-trah)*

Practice writing. **-Practica de escritura.** *(prahk-tee-kah deh ehs-kree-too-rah)*

Uppercase and Lowercase **-Mayúscula y Minúscula**
(mah-YOOS-koo-lah ee mee-NOOS-koo-lah)

- - - - - - - - - - - - - - - - -

How do you say _____ in Spanish?
¿Cómo se dice ... en español?
(KOH-moh seh dee-seh ___ ehn ehs-pah-nyol)

Can you tell me some words that begin with the letter G.
¿Puede decirme algunas palabras que comienzan con la letra G.
*(pweh-deh deh-seer-meh ahl-goo-nahs pah-lah-brahs
keh koh-myen-zahn kohn lah leh-trah heh)*

La Galleta *(lah gah-yeh-tah)* - Cookie

El Gatito *(ehl gah-tee-toh)* - Kitten

Gris *(grees)* - Gray

Gusto *(goos-toh)* - Taste

Gritar *(gree-tahr)* - Scream

Gracias *(grah-see-ahs)* - Thank You

La Goma de borrar *(lah goh-mah deh bohr-rar)* - Eraser

Grande *(grahn-deh)* - Big

La Guitarra *(lah gee-tahr-rah)* - Guitar

Hh (ah-cheh)

I'm going to write the letter H. **-Voy a escribir la letra H.**
(voy ah ehs-kree-beer lah leh-trah ah-cheh)

Trace the letter. **-Traza la letra.** *(trah-sah lah leh-trah)*

Practice writing. **-Practica de escritura.** *(prahk-tee-kah deh ehs-kree-too-rah)*

Uppercase and Lowercase **-Mayúscula y Minúscula**
(mah-YOOS-koo-lah ee mee-NOOS-koo-lah)

How do you say _____ in Spanish?
¿Cómo se dice ... en español?
(KOH-moh seh dee-seh ___ ehn ehs-pah-nyol)

Can you tell me some words that begin with the letter H.
¿Puede decirme algunas palabras que comienzan con la letra H.
*(pweh-deh deh-seer-meh ahl-goo-nahs pah-lah-brahs
keh koh-myen-zahn kohn lah leh-trah ah-cheh)*

El Helado *(ehl ee-lah-doh)* - Ice Cream

La Hermana *(lah ehr-mah-nah)* - Sister

El Hogar *(ehl oh-gahr)* - Home

La Hoja *(lah oh-ha)* - Leaf

El Hombro *(ehl ohm-broh)* - Shoulder

Hola *(oh-lah)* - Hello

El Huevo *(ehl hwe-voh)* - Egg

La Historia *(lah ees-toh-riah)* - Story or History

La Hormiga *(lah ohr-mee-gah)* - Ant

Ii (ee)

I'm going to write the letter I. **-Voy a escribir la letra I.**
(voy ah ehs-kree-beer lah leh-trah ee)

Trace the letter. **-Traza la letra.** *(trah-sah lah leh-trah)*

Practice writing. **-Practica de escritura.** *(prahk-tee-kah deh ehs-kree-too-rah)*

Uppercase and Lowercase **-Mayúscula y Minúscula**
(mah-YOOS-koo-lah ee mee-NOOS-koo-lah)

- -

How do you say _____ in Spanish?
¿Cómo se dice ... en español?
(KOH-moh seh dee-seh ___ ehn ehs-pah-nyol)

Can you tell me some words that begin with the letter I.
¿Puede decirme algunas palabras que comienzan con la letra I.
*(pweh-deh deh-seer-meh ahl-goo-nahs pah-lah-brahs
keh koh-myen-zahn kohn lah leh-trah ee)*

La Idea *(lah ee-deh-ah)* - Idea

Igual *(ee-gwahl)* - Equal

El Insecto *(ehl een-sehk-toh)* - Insect

El Invierno *(ehl een-byehr-noh)* - Winter

Infeliz *(een-feh-lees)* - Unhappy

Izquierda *(ees-kyehr-dah)* - Left

Instrumentos *(eens-troo-mehn-tohs)* - Instruments

La Isla *(lah ees-lah)* - Island

El Impermeable *(ehl eem-pehrr-meh-ah-bleh)* - Raincoat

Jj (hoh-tah)

I'm going to write the letter J. **-Voy a escribir la letra J.**
(voy ah ehs-kree-beer lah leh-trah hoh-tah)

Trace the letter. **-Traza la letra.** *(trah-sah lah leh-trah)*

Practice writing. **-Practica de escritura.** *(prahk-tee-kah deh ehs-kree-too-rah)*

Uppercase and Lowercase **-Mayúscula y Minúscula**
(mah-YOOS-koo-lah ee mee-NOOS-koo-lah)

How do you say _____ in Spanish?
¿Cómo se dice ... en español?
(KOH-moh seh dee-seh ___ ehn ehs-pah-nyol)

Can you tell me some words that begin with the letter J.
¿Puede decirme algunas palabras que comienzan con la letra J.
*(pweh-deh deh-seer-meh ahl-goo-nahs pah-lah-brahs
keh koh-myen-zahn kohn lah leh-trah hoh-tah)*

El Jabón *(ehl hah-BOHN)* - Soap

El Jardín *(ehl hahr-DEEN)* - Garden

La Jirafa *(lah hee-rah-fah)* - Giraffe

El Jugo *(ehl hoo-goh)* - Juice

Los Juguetes *(lohs hoo-geh-tehs)* - Toys

El Juego *(ehl hweh-goh)* - Game

Junio *(hoo-nyoh)* - June

Julio *(hoo-lyoh)* - July

La Jalea *(lah hah-leh-ah)* - Jelly

Kk (kah)

I'm going to write the letter K. **-Voy a escribir la letra K.**
(voy ah ehs-kree-beer lah leh-trah kah)

Trace the letter. **-Traza la letra.** (trah-sah lah leh-trah)

Practice writing. **-Practica de escritura.** (prahk-tee-kah deh ehs-kree-too-rah)

Uppercase and Lowercase **-Mayúscula y Minúscula**
(mah-YOOS-koo-lah ee mee-NOOS-koo-lah)

_____

- -

_____

How do you say _____ in Spanish?
¿Cómo se dice ... en español?
(KOH-moh seh dee-seh ___ ehn ehs-pah-nyol)

Can you tell me some words that begin with the letter K.
¿Puede decirme algunas palabras que comienzan con la letra K.
(pweh-deh deh-seer-meh ahl-goo-nahs pah-lah-brahs
keh koh-myen-zahn kohn lah leh-trah kah)

The letters "k" and "w" are
used only in words and names coming from
foreign languages.

Karate *(kah-rah-teh)* - Karate

Koala *(koh-ah-lah)* - Koala

Kilo *(kee-loh)* - Kilo

Kiwi *(ehl kee-wee)* - Kiwi

Ll (eh-lay)

I'm going to write the letter L. **-Voy a escribir la letra L.**
(voy ah ehs-kree-beer lah leh-trah eh-lay)

Trace the letter. **-Traza la letra.** *(trah-sah lah leh-trah)*

Practice writing. **-Practica de escritura.** *(prahk-tee-kah deh ehs-kree-too-rah)*

Uppercase and Lowercase **-Mayúscula y Minúscula**
(mah-YOOS-koo-lah ee mee-NOOS-koo-lah)

How do you say _____ in Spanish?
¿Cómo se dice ... en español?
(KOH-moh seh dee-seh ___ ehn ehs-pah-nyol)

Can you tell me some words that begin with the letter L.
¿Puede decirme algunas palabras que comienzan con la letra L.
*(pweh-deh deh-seer-meh ahl-goo-nahs pah-lah-brahs
keh koh-myen-zahn kohn lah leh-trah eh-lay)*

El Labio *(ehl lah-byoh)* - Lip

El Lápiz *(ehl lah-pees)* - Pencil

Lunes *(loo-nehs)* - Monday

Letras *(leh-trahs)* - Letters

Leer *(leh-ehr)* - Read

La Leche *(lah leh-cheh)* - Milk

Lento *(lehn-toh)* - Slow

El Laberinto *(ehl lah-beh-reen-toh)* - Maze

La Lengua *(lah lehng-gwah)* - Tongue

Mm (eh-may)

I'm going to write the letter M. **-Voy a escribir la letra M.**
(voy ah ehs-kree-beer lah leh-trah eh-may)

Trace the letter. **-Traza la letra.** *(trah-sah lah leh-trah)*

Practice writing. **-Practica de escritura.** *(prahk-tee-kah deh ehs-kree-too-rah)*

Uppercase and Lowercase **-Mayúscula y Minúscula**
(mah-YOOS-koo-lah ee mee-NOOS-koo-lah)

How do you say _____ in Spanish?
¿Cómo se dice ... en español?
(KOH-moh seh dee-seh ___ ehn ehs-pah-nyol)

Can you tell me some words that begin with the letter M.
¿Puede decirme algunas palabras que comienzan con la letra M.
*(pweh-deh deh-seer-meh ahl-goo-nahs pah-lah-brahs
keh koh-myen-zahn kohn lah leh-trah eh-may)*

Mamá *(mah-MAH)* - Mom

La Manzana *(lah mahn-sah-nah)* - Apple

Marrón *(mah-RROHN)* - Brown

La Música *(lah MOO-see-kah)* - Music

La Muñeca *(lah moo-nyeh-kah)* - Doll

La Muchacha *(lah moo-chah-chah)* - Girl

El Mes *(ehl mehs)* - Month

La Mesa *(lah meh-sah)* -Table

Martes *(mahr-tehs)* - Tuesday

Nn (eh-neh)

I'm going to write the letter N. **-Voy a escribir la letra N.**
(voy ah ehs-kree-beer lah leh-trah eh-neh)

Trace the letter. **-Traza la letra.** *(trah-sah lah leh-trah)*

Practice writing. **-Practica de escritura.** *(prahk-tee-kah deh ehs-kree-too-rah)*

Uppercase and Lowercase **-Mayúscula y Minúscula**
(mah-YOOS-koo-lah ee mee-NOOS-koo-lah)

How do you say _____ in Spanish?
¿Cómo se dice ... en español?
(KOH-moh seh dee-seh ___ ehn ehs-pah-nyol)

Can you tell me some words that begin with the letter N.
¿Puede decirme algunas palabras que comienzan con la letra N.
*(pweh-deh deh-seer-meh ahl-goo-nahs pah-lah-brahs
keh koh-myen-zahn kohn lah leh-trah eh-neh)*

Noviembre *(noh-byehm-breh)* - November

Nosotros *(noh-soh-trohs)* - We

Nueve *(nweh-veh)* - Nine

La Nube *(lah noo-beh)* - Cloud

La Noche *(lah noh-cheh)* - Night

El Nido *(ehl nee-doh)* - Nest

La Nariz *(lah nah-rees)* - Nose

La Nieve *(lah nyeh-beh)* -Snow

Nombre *(nohm-breh)* - Name

Ññ (eh-nyay)

I'm going to write the letter Ñ. **-Voy a escribir la letra Ñ.**
(voy ah ehs-kree-beer lah leh-trah eh-nyay)

Trace the letter. **-Traza la letra.** (trah-sah lah leh-trah)

Practice writing. **-Practica de escritura.** (prahk-tee-kah deh ehs-kree-too-rah)

Uppercase and Lowercase **-Mayúscula y Minúscula**
(mah-YOOS-koo-lah ee mee-NOOS-koo-lah)

How do you say _____ in Spanish?
¿Cómo se dice ... en español?
(KOH-moh seh dee-seh ___ ehn ehs-pah-nyol)

Can you tell me some words that have the letter Ñ.
¿Puede decirme algunas palabras que tienen la letra Ñ.
(pweh-deh deh-seer-meh ahl-goo-nahs pah-lah-brahs
keh tee-eh-nehn lah leh-trah eh-nyay)

Niños *(nee-nyohs)* - Kids

Compañero *(kohm-pah-nyeh-roh)* - Classmate

Señal *(seh-nyahl)* - Signal

Araña *(ah-rah-nyah)* - Spider

Baño *(bah-nyoh)* - Bathroom

Piña *(pee-nyah)* - Pineapple

Pequeño *(peh-keh-nyoh)* - Small

Sueño *(swe-nyoh)* - Dream

Año *(ah-nyoh)* - Year

Oo (oh)

I'm going to write the letter O. **-Voy a escribir la letra O.**
(voy ah ehs-kree-beer lah leh-trah oh)

Trace the letter. **-Traza la letra.** *(trah-sah lah leh-trah)*

Practice writing. **-Practica de escritura.** *(prahk-tee-kah deh ehs-kree-too-rah)*

Uppercase and Lowercase **-Mayúscula y Minúscula**
(mah-YOOS-koo-lah ee mee-NOOS-koo-lah)

How do you say _____ in Spanish?
¿Cómo se dice ... en español?
(KOH-moh seh dee-seh ___ ehn ehs-pah-nyol)

Can you tell me some words that begin with the letter O.
¿Puede decirme algunas palabras que comienzan con la letra O.
*(pweh-deh deh-seer-meh ahl-goo-nahs pah-lah-brahs
keh koh-myen-zahn kohn lah leh-trah oh)*

Ocho *(oh-choh)* - Eight

El Oso *(ehl oh-soh)* - Bear

Octubre *(ohk-too-breh)* - October

El Oro *(ehl oh-roh)* - Gold

Olfato *(ohl-fah-toh)* - Smell

El Octágono *(ehl ohk-tah-goh-noh)* - Octagon

El Ojo *(ehl oh-hoh)* - Eye

La Oreja *(lah oh-reh-hah)* - Ear

Oír *(oh-EER)* - Hear

Pp (peh)

I'm going to write the letter P. **-Voy a escribir la letra P.**
(voy ah ehs-kree-beer lah leh-trah peh)

Trace the letter. **-Traza la letra.** *(trah-sah lah leh-trah)*

Practice writing. **-Practica de escritura.** *(prahk-tee-kah deh ehs-kree-too-rah)*

Uppercase and Lowercase **-Mayúscula y Minúscula**
(mah-YOOS-koo-lah ee mee-NOOS-koo-lah)

How do you say _____ in Spanish?
¿Cómo se dice ... en español?
(KOH-moh seh dee-seh ___ ehn ehs-pah-nyol)

Can you tell me some words that begin with the letter P.
¿Puede decirme algunas palabras que comienzan con la letra P.
*(pweh-deh deh-seer-meh ahl-goo-nahs pah-lah-brahs
keh koh-myen-zahn kohn lah leh-trah peh)*

El Pájaro *(ehl PAH-hah-roh)* - Bird

El Padre *(ehl pah-dreh)* - Father

La Paleta *(lah pah-leh-tah)* - Lollipop

El Pan *(ehl pahn)* - Bread

Los Pantalones *(lohs pahn-tah-lohn-ehs)* - Pants

El Papel *(ehl pah-pehl)* - Paper

El Pastel *(ehl pahs-tehl)* - Cake

El Pescado *(ehl pehs-kah-doh)* - Fish

El Pie *(ehl pyeh)* - Foot

Qq (koo)

I'm going to write the letter Q. **-Voy a escribir la letra Q.**
(voy ah ehs-kree-beer lah leh-trah koo)

Trace the letter. **-Traza la letra.** *(trah-sah lah leh-trah)*

Practice writing. **-Practica de escritura.** *(prahk-tee-kah deh ehs-kree-too-rah)*

Uppercase and Lowercase **-Mayúscula y Minúscula**
(mah-YOOS-koo-lah ee mee-NOOS-koo-lah)

How do you say _____ in Spanish?
¿Cómo se dice ... en español?
(KOH-moh seh dee-seh ___ ehn ehs-pah-nyol)

Can you tell me some words that begin with the letter Q.
¿Puede decirme algunas palabras que comienzan con la letra Q.
*(pweh-deh deh-seer-meh ahl-goo-nahs pah-lah-brahs
keh koh-myen-zahn kohn lah leh-trah koo)*

Quién *(KYEHN)* - Who?

Quien *(kyehn)* - Who

Qué *(KEH)* - What?

Que *(keh)* - That

Quizá *(kee-SAH)* - Maybe

Quince *(keen-seh)* - Fifteen

Querer *(keh-rehr)* - To Want

Quitar *(kee-tahr)* - To Remove

Quejar *(keh-hahr)* - To Complain

Rr (eh-rray)

I'm going to write the letter R. **-Voy a escribir la letra R.**
(voy ah ehs-kree-beer lah leh-trah eh-rray)

Trace the letter. **-Traza la letra.** *(trah-sah lah leh-trah)*

Practice writing. **-Practica de escritura.** *(prahk-tee-kah deh ehs-kree-too-rah)*

Uppercase and Lowercase **-Mayúscula y Minúscula**
(mah-YOOS-koo-lah ee mee-NOOS-koo-lah)

How do you say _____ in Spanish?
¿Cómo se dice ... en español?
(KOH-moh seh dee-seh ___ ehn ehs-pah-nyol)

Can you tell me some words that begin with the letter R.
¿Puede decirme algunas palabras que comienzan con la letra R.
*(pweh-deh deh-seer-meh ahl-goo-nahs pah-lah-brahs
keh koh-myen-zahn kohn lah leh-trah eh-rray)*

La Ropa *(lah rroh-pah)* - Clothes

La Rodilla *(lah rroh-dee-yah)* - Knee

Restar *(rrehs-tahr)* - Subtract

El Rey *(rrey)* - King

El Rectángulo *(ehl rrehk-tahng-goo-loh)* - Rectangle

Recibir *(rreh-see-beer)* - Recieve

Rápido *(RRAH-pee-doh)* - Fast

El Recipiente *(ehl rreh-see-pyehn-teh)* - Container

El Reloj *(ehl rreh-lohh)* - Wristwatch

Ss (eh-say)

I'm going to write the letter S. **-Voy a escribir la letra S.**
(voy ah ehs-kree-beer lah leh-trah eh-say)

Trace the letter. **-Traza la letra.** *(trah-sah lah leh-trah)*

Practice writing. **-Practica de escritura.** *(prahk-tee-kah deh ehs-kree-too-rah)*

Uppercase and Lowercase **-Mayúscula y Minúscula**
(mah-YOOS-koo-lah ee mee-NOOS-koo-lah)

How do you say _____ in Spanish?
¿Cómo se dice ... en español?
(KOH-moh seh dee-seh ___ ehn ehs-pah-nyol)

Can you tell me some words that begin with the letter S.
¿Puede decirme algunas palabras que comienzan con la letra S.
*(pweh-deh deh-seer-meh ahl-goo-nahs pah-lah-brahs
keh koh-myen-zahn kohn lah leh-trah eh-say)*

Sábado *(SAH-bah-doh)* - Saturday

La Sala *(lah sah-lah)* - Living Room

Saltar *(sahl-tahr)* - Jump

Salud *(sah-lood)* - Health

Segundo *(seh-goon-doh)* - Second

El Sol *(ehl sohl)* - Sun

Sobre *(soh-breh)* - Over or About

Sumar *(soo-mahr)* - Add

El Sombrero *(ehl sohm-breh-roh)* - Hat

Tt (teh)

I'm going to write the letter T. **-Voy a escribir la letra T.**
(voy ah ehs-kree-beer lah leh-trah teh)

Trace the letter. **-Traza la letra.** *(trah-sah lah leh-trah)*

Practice writing. **-Practica de escritura.** *(prahk-tee-kah deh ehs-kree-too-rah)*

Uppercase and Lowercase **-Mayúscula y Minúscula**
(mah-YOOS-koo-lah ee mee-NOOS-koo-lah)

How do you say _____ in Spanish?
¿Cómo se dice ... en español?
(KOH-moh seh dee-seh ___ ehn ehs-pah-nyol)

Can you tell me some words that begin with the letter T.
¿Puede decirme algunas palabras que comienzan con la letra T.
*(pweh-deh deh-seer-meh ahl-goo-nahs pah-lah-brahs
keh koh-myen-zahn kohn lah leh-trah teh)*

El Tacto *(ehl tahk-toh)* - Touch

El Talón *(ehl tah-LOHN)* - Heel

Tarde *(tahr-deh)* - Late

El Tarro *(ehl tah-rroh)* - Jar

Temprano *(tehm-prah-noh)* - Early

La Taza *(lah tah-sah)* - Mug

La Televisión *(lah teh-leh-bee-SYOHN)* - Television

La Tía *(lah TEE-ah)* - Aunt

Las Tijeras *(lahs tee-heh-rahs)* - Scissors

Uu (ooh)

I'm going to write the letter U. **-Voy a escribir la letra U.**
(voy ah ehs-kree-beer lah leh-trah ooh)

Trace the letter. **-Traza la letra.** *(trah-sah lah leh-trah)*

Practice writing. **-Practica de escritura.** *(prahk-tee-kah deh ehs-kree-too-rah)*

Uppercase and Lowercase **-Mayúscula y Minúscula**
(mah-YOOS-koo-lah ee mee-NOOS-koo-lah)

How do you say _____ in Spanish?
¿Cómo se dice ... en español?
(KOH-moh seh dee-seh ___ ehn ehs-pah-nyol)

Can you tell me some words that begin with the letter U.
¿Puede decirme algunas palabras que comienzan con la letra U.
*(pweh-deh deh-seer-meh ahl-goo-nahs pah-lah-brahs
keh koh-myen-zahn kohn lah leh-trah ooh)*

Las Uvas *(lahs oo-vahs)* - Grapes

Utensilios *(oo-tehn-see-lyohs)* - Utensils

Uno *(oo-noh)* - One

La Uña *(lah oo-nyah)* - Fingernail

Usar *(oo-sahr)* - Use

Último *(OOL-tee-moh)* - Last

Urgente *(oor-hehn-teh)* - Urgent

Unido *(oo-nee-doh)* - United

Único *(OO-nee-koh)* - Unique

Vv (ooh-vay)

I'm going to write the letter V. **-Voy a escribir la letra V.**
(voy ah ehs-kree-beer lah leh-trah ooh-vay)

Trace the letter. **-Traza la letra.** *(trah-sah lah leh-trah)*

Practice writing. **-Practica de escritura.** *(prahk-tee-kah deh ehs-kree-too-rah)*

Uppercase and Lowercase **-Mayúscula y Minúscula**
(mah-YOOS-koo-lah ee mee-NOOS-koo-lah)

How do you say _____ in Spanish?
¿Cómo se dice ... en español?
(KOH-moh seh dee-seh ___ ehn ehs-pah-nyol)

Can you tell me some words that begin with the letter V.
¿Puede decirme algunas palabras que comienzan con la letra V.
*(pweh-deh deh-seer-meh ahl-goo-nahs pah-lah-brahs
keh koh-myen-zahn kohn lah leh-trah ooh-vay)*

La Vaca *(lah bah-kah)* - Cow

El Verano *(ehl beh-rah-noh)* - Summer

Viernes *(byehr-nehs)* - Friday

La Vista *(lah bees-tah)* - Sight

Volar *(boh-lahr)* - To Fly

El Vestido *(ehl behs-tee-doh)* - Dress

Veinte *(beyn-teh)* - Twenty

Vacío *(bah-SEE-oh)* - Empty

Vecindad *(beh-see-dahd)* - Neighborhood

Ww (doh-bleh vay)

I'm going to write the letter W. **-Voy a escribir la letra W.**
(voy ah ehs-kree-beer lah leh-trah doh-bleh vay)

Trace the letter. **-Traza la letra.** *(trah-sah lah leh-trah)*

Practice writing. **-Practica de escritura.** *(prahk-tee-kah deh ehs-kree-too-rah)*

Uppercase and Lowercase **-Mayúscula y Minúscula**
(mah-YOOS-koo-lah ee mee-NOOS-koo-lah)

How do you say _____ in Spanish?
¿Cómo se dice ... en español?
(KOH-moh seh dee-seh ___ ehn ehs-pah-nyol)

Can you tell me some words that begin with the letter W.
¿Puede decirme algunas palabras que comienzan con la letra W.
*(pweh-deh deh-seer-meh ahl-goo-nahs pah-lah-brahs
keh koh-myen-zahn kohn lah leh-trah doh-bleh vay)*

*The letters "k" and "w" are
used only in words and names coming from
foreign languages.*

Wafle *(wa-fleh)* - Waffle

Western *(wehs-tehrn)* - Western

WiFi *(why-fii)* - WiFi

Xx (eh-kees)

I'm going to write the letter X. **-Voy a escribir la letra X.**
(voy ah ehs-kree-beer lah leh-trah eh-kees)

Trace the letter. **-Traza la letra.** *(trah-sah lah leh-trah)*

Practice writing. **-Practica de escritura.** *(prahk-tee-kah deh ehs-kree-too-rah)*

Uppercase and Lowercase **-Mayúscula y Minúscula**
(mah-YOOS-koo-lah ee mee-NOOS-koo-lah)

How do you say _____ in Spanish?
¿Cómo se dice ... en español?
(koh-moh seh dee-seh ___ ehn ehs-pah-nyol)

Can you tell me some words that begin with the letter X.
¿Puede decirme algunas palabras que comienzan con la letra X.
*(pweh-deh deh-seer-meh ahl-goo-nahs pah-lah-brahs
keh koh-myen-zahn kohn lah leh-trah eh-kees)*

El Xilófono *(ehl ksee-LOH-foh-noh)* - Xylophone

Excusa *(ehks-koo-sah)* - Excuse

Extraño *(ehks-trah-nyoh)* - Strange

Exitoso *(ehk-see-toh-soh)* - Successful

Máximo *(MAHK-see-moh)* - Maximum

Aproximar *(ah-prohk-see-mahr)* - To bring close

Yy (yeh)

I'm going to write the letter Y. **-Voy a escribir la letra Y.**
(voy ah ehs-kree-beer lah leh-trah yeh)

Trace the letter. **-Traza la letra.** *(trah-sah lah leh-trah)*

Practice writing. **-Practica de escritura.** *(prahk-tee-kah deh ehs-kree-too-rah)*

Uppercase and Lowercase **-Mayúscula y Minúscula**
(mah-yYOOS-koo-lah ee mee-NOOS-koo-lah)

How do you say _____ in Spanish?
¿Cómo se dice ... en español?
(KOH-moh seh dee-seh ___ ehn ehs-pah-nyol)

Can you tell me some words that begin with the letter Y.
¿Puede decirme algunas palabras que comienzan con la letra Y.
*(pweh-deh deh-seer-meh ahl-goo-nahs pah-lah-brahs
keh koh-myen-zahn kohn lah leh-trah yeh)*

Y *(ee)* - And

Yo *(yoh)* - I

Yogur *(yoh-goor)* - Yogurt

Yarda *(yahr-dah)* - Yardstick

Yelmo *(yehl-moh)* - Knight's Helmet

Yegua *(yeh-gwah)* - Mare

Zz (seh-tah)

I'm going to write the letter Z. **-Voy a escribir la letra Z.**
(voy ah ehs-kree-beer lah leh-trah seh-tah)

Trace the letter. **-Traza la letra.** *(trah-sah lah leh-trah)*

Practice writing. **-Practica de escritura.** *(prahk-tee-kah deh ehs-kree-too-rah)*

Uppercase and Lowercase **-Mayúscula y Minúscula**
(mah-YOOS-koo-lah ee mee-NOOS-koo-lah)

_____

- - - - - - - - - - - - - - - - - - - -

_____

How do you say _____ in Spanish?
¿Cómo se dice ... en español?
(KOH-moh seh dee-seh ___ ehn ehs-pah-nyol)

Can you tell me some words that begin with the letter Z.
¿Puede decirme algunas palabras que comienzan con la letra Z.
*(pweh-deh deh-seer-meh ahl-goo-nahs pah-lah-brahs
keh koh-myen-zahn kohn lah leh-trah seh-tah)*

La Zanahoria *(sah-nah-oh-ryah)* - Carrot

El Zapato *(sah-pah-toh)* - Shoe

El Zoológico *(soh-oh-LOH-hee-koh)* - Zoo

El Zorro *(soh-rroh)* - Fox

La Zarzamora *(sahr-sah-moh-rah)* - Blackberry

Zancudo *(sahng-koo-doh)* - Mosquito

Zopilote *(soh-pee-loh-teh)* - Vulture

Zona *(soh-nah)* - Area

NAME/NOMBRE

I'm going to write your name. **-Voy a escribir su nombre.**
(voy ah ehs-kree-beer soo nohm-breh)

Trace the letters. **-Traza las letras.** *(trah-sah lahs leh-trahs)*

Practice writing. **-Practica de escritura.** *(prahk-tee-kah deh ehs-kree-too-rah)*

Uppercase and Lowercase **-Mayúscula y Minúscula**
(mah-YOOS-ku-lah ee mee-NOOS-ku-lah)

WRITING

Directions:

1) Review the sentence with the student.

2) Help the student write out the sentence.

3) Read it together.

4) Talk about the phrase by using the prompts on the left page.

Keep in mind that you don't have to be the perfect linguistic model for your student.

KEEP TALKING

DON'T OVER CORRECT

LET'S WRITE TOGETHER

PHRASES TO MEMORIZE

It's time to work together. **-Es hora de trabajar juntos.**
(ehs orr-ah deh trah-bah-har hoon-tohs)

Your handwriting is very neat. **-Tu letra es muy buena.**
(tu leh-trah ehs mwee bweh-nah)

Let me help you read. **-Déjame ayudarte a leer.**
(DEH-hah-meh ah-yoo-dahr ah leh-ehr)

WRITING

Let's read and write the sentence.	**-Vamos a leer y escribir la frase.**
	(vah-mohs ah lee-ehr ee ehs-kree-beer lah frah-seh)
Let me help you write.	**-Déjame ayudarte a escribir.**
	(DEH-ha-meh ah-yoo-dahr-teh ah ehs-kree-beer)
You can trace my letters.	**-Puedes rastrear mis letras.**
	(pweh-dehs rahs-treh-ahr mees leh-trahs)
Make space for each new word.	**-Haz un espacio entre cada palabra nueva.**
	(ahs oon ehs-pah-syoh ehn-treh kah-dah pah-lah-brah nweh-bah)
Great job.	**-Gran Trabajo.**
	(grahn trah-bah-hoh)

QUESTIONS TO ASK WHILE YOU'RE WORKING TOGETHER

Do you like school?	**-¿Te gusta la escuela?**
	(teh goos-tah lah ehs-kweh-lah)
What is your teacher's name?	**-¿Cómo se llama tu maestro(a)?**
	(KOH-moh seh yah-mah too mah-ehs-troh)
What was your teacher's name?	**-¿Cómo se llamaba tu maestro(a)?**
	(KOH-moh seh yah-mah-bah too mah-ehs-troh)
Do you remember your first day?	**-¿Recuerdas tu primer día?**
	(reh-kwer-dahs too pree-mehr DEE-ah)
School is a great place to make friends.	**-La escuela es un gran lugar para hacer amigos.**
	(lah ehs-kweh-lah ehs oon grahn loo-gahr pah-rah ah-sehr ah-mee-gohs)
You will learn a lot.	**-Aprenderás mucho.**
	(ah-prehn-dehr-AHS moo-choo)

I like to go to school.
Me gusta ir a la escuela.
(meh goo-stah eer ah lah ehs-kweh-lah)

WRITING

Let's read and write the sentence.	**-Vamos a leer y escribir la frase.**
	(vah-mohs ah lee-ehr ee ehs-kree-beer lah frah-seh)
Let me help you write.	**-Déjame ayudarte a escribir.**
	(DEH-ha-meh ah-yoo-dahr-teh ah ehs-kree-beer)
You can trace my letters.	**-Puedes rastrear mis letras.**
	(pweh-dehs rahs-treh-ahr mees leh-trahs)
Make space for each new word.	**-Haz un espacio entre cada palabra nueva.**
	(ahs oon ehs-pah-syoh ehn-treh kah-dah pah-lah-brah nweh-bah)
Great job.	**-Gran Trabajo.**
	(grahn trah-bah-hoh)

QUESTIONS TO ASK WHILE YOU'RE WORKING TOGETHER

Do you play kickball?	**-¿Juegas kickball?**
	(hwe-gahs kihk-bal)
Do you like the tricycles?	**-¿Te gustan los triciclos?**
	(teh goo-stahn lohs tree-see-klohs)
Do you like to run around?	**-¿Te gusta correr?**
	(teh goo-stah koh-rrehr)
Can you run on the grass?	**-¿Puedes correr por el césped?**
	(pwe-dehs koh-rrehr pohr ehl SEHS-pehd)
Are there trees for shade?	**-¿Hay árboles para tomar la sombra?**
	(ay AHR-bohl-es pah-rah toh-mahr lah sohm-brah)

I get to play ball with my friends.
Puedo jugar a la pelota con mis amigos.
(pweh-do hoo-gahr ah lah peh-loh-tah kohn mees ah-mee-gohs)

WRITING

Let's read and write the sentence.	-Vamos a leer y escribir la frase.
	(vah-mohs ah lee-ehr ee ehs-kree-beer lah frah-seh)
Let me help you write.	-Déjame ayudarte a escribir.
	(DEH-ha-meh ah-yoo-dahr-teh ah ehs-kree-beer)
You can trace my letters.	-Puedes rastrear mis letras.
	(pweh-dehs rahs-treh-ahr mees leh-trahs)
Make space for each new word.	-Haz un espacio entre cada palabra nueva.
	(ahs oon ehs-pah-syoh ehn-treh kah-dah pah-lah-brah nweh-bah)
Great job.	-Gran Trabajo.
	(grahn trah-bah-hoh)

QUESTIONS TO ASK WHILE YOU'RE WORKING TOGETHER

What sound do you hear when you have to line up?	-¿Qué sonido escuchas cuando tienes que formarte en la fila?
	(KEH soh-nee-doh ehs-koo-chahs kwahn-doh tee-ehn-ehs keh fohr-mahr-teh ehn lah fee-lah)
Is it a bell? A whistle? A teacher?	-¿Es una campana? ¿Un silbato? ¿Un(a) maestro(a)?
	(ehs oo-nah kahm-pah-nah? Oon seel-bah-toh? Oon mah-ehs-troh / Ooh-nah mah-ehs-trah)
When you line up, are you supposed to talk?	-Cuando te formas en la fila, ¿se supone que debes hablar?
	(kwah-doh teh for-mahs ehn lah fee-lah. Seh soo-poh-nehr keh deh-behs ah-blahr)

We line up for class.
Nos ponemos en formación para la clase.
(nohs poh-neh-mohs ehn fohr-mah-SYOHN pah-rah lah klah-seh)

WRITING

Let's read and write the sentence.	**-Vamos a leer y escribir la frase.**
	(vah-mohs ah lee-ehr ee ehs-kree-beer lah frah-seh)
Let me help you write.	**-Déjame ayudarte a escribir.**
	(DEH-ha-meh ah-yoo-dahr-teh ah ehs-kree-beer)
You can trace my letters.	**-Puedes rastrear mis letras.**
	(pweh-dehs rahs-treh-ahr mees leh-trahs)
Make space for each new word.	**-Haz un espacio entre cada palabra nueva.**
	(ahs oon ehs-pah-syoh ehn-treh kah-dah pah-lah-brah nweh-bah)
Great job.	**-Gran Trabajo.**
	(grahn trah-bah-hoh)

QUESTIONS TO ASK WHILE YOU'RE WORKING TOGETHER

Who do you sit next to in class?	**-¿Con quién te sientas en clase?**
	(kohn KYEHN teh see-ehn-tahs ehn klah-seh)
Is there someone next to you?	**-¿Hay alguien a tu lado?**
	(ay ahl-gyehn ah too lah-doh)
The right side or left side?	**-¿El lado derecho o el izquierdo?**
	(ehl lah-doh deh-reh-choh oh ehl ees-kyehr-doh)
What are their names?	**-¿Cómo se llaman?**
	(KOH-moh seh yah-mahn)
Do you help each other?	**-¿Se ayudan mutuamente?**
	(seh ah-yoo-dahn moo-twah-mehn-teh)

We sit at our table, so we can color and draw.
**Nos sentamos en nuestra mesa,
para poder dibujar y colorear.**
*(nohs sehn-tah-mohs ehn nwes-trah meh-sah, pah-rah poh-dehr
dee-boo-har ee kohl-ohr-eyar)*

WRITING

Let's read and write the sentence.	**-Vamos a leer y escribir la frase.**
	(vah-mohs ah lee-ehr ee ehs-kree-beer lah frah-seh)
Let me help you write.	**-Déjame ayudarte a escribir.**
	(DEH-ha-meh ah-yoo-dahr-teh ah ehs-kree-beer)
You can trace my letters.	**-Puedes rastrear mis letras.**
	(pweh-dehs rahs-treh-ahr mees leh-trahs)
Make space for each new word.	**-Haz un espacio entre cada palabra nueva.**
	(ahs oon ehs-pah-syoh ehn-treh kah-dah pah-lah-brah nweh-bah)
Great job.	**-Gran Trabajo.**
	(grahn trah-bah-hoh)

QUESTIONS TO ASK WHILE YOU'RE WORKING TOGETHER

When you share, do you say "thank you"?	**-Cuando compartes, ¿dices "gracias"?**
	(kwahn-doh kohm-pahr-tees dee-sehs grah-syahs)
Good. And say, "please."	**-Bien. Y decir por favor.**
	(byehn. ee deh-seer pohr fah-bohr)
You can also say things like:	**-También se pueden decir cosas como:**
	(tahm-BYEHN seh pweh-dehn deh-seer koh-sahs koh-moh)
When you're done with the red crayon, may I use it next?	**-Cuando termines con el crayón rojo, ¿puedo usarlo a continuación?**
	(kwahn-doh tehr-mee-nehs kohn ehl krah-yohn roh-hoh, pweh-doh oo-sahr-loh ah kohn-tee-nwah-syohn)

We share scissors and glue.
Compartimos las tijeras y el pegamento.
(kohm-pahr-tee-mohs lahs tee-heh-rahs ee ehl peh-gah-men-toh)

WRITING

Let's read and write the sentence.	**-Vamos a leer y escribir la frase.**
	(vah-mohs ah lee-ehr ee ehs-kree-beer lah frah-seh)
Let me help you write.	**-Déjame ayudarte a escribir.**
	(DEH-ha-meh ah-yoo-dahr-teh ah ehs-kree-beer)
You can trace my letters.	**-Puedes rastrear mis letras.**
	(pweh-dehs rahs-treh-ahr mees leh-trahs)
Make space for each new word.	**-Haz un espacio entre cada palabra nueva.**
	(ahs oon ehs-pah-syoh ehn-treh kah-dah pah-lah-brah nweh-bah)
Great job.	**-Gran Trabajo.**
	(grahn trah-bah-hoh)

QUESTIONS TO ASK WHILE YOU'RE WORKING TOGETHER

How should you sit when you're on the carpet?	**-¿Cómo debes sentarte cuando estás en la alfombra?**
	(KOH-moh de-behs sehn-tahr-teh kwahn-doh ehs-TAHS ehn lah ahl-fohm-brah)
Criss cross apple sauce.	**-Piernas cruzadas.**
	(pyehr-nahs kroo-sah-dahs)
Your legs are crossed, right?	**-Tus piernas están cruzadas, ¿verdad?**
	(toos pyehr-nahs ehs-TAHN kroo-sah-das, behr-dahd)
What are some of your favorite stories?	**-¿Cuáles son algunas de tus historias favoritas?**
	(KWAH-lehs sohn ahl-goo-nahs deh toos ees-toh-ryahs fah-boh-ree-tas)

We sit on the carpet to listen to stories.
Nos sentamos en la alfombra para escuchar historias.
(nohs sehn-tah-mohs ehn lah ahl-fohm-brah pah-rah ehs-koo-chahr ees-toh-ryahs)

WRITING

Let's read and write the sentence.	**-Vamos a leer y escribir la frase.**
	(vah-mohs ah lee-ehr ee ehs-kree-beer lah frah-seh)
Let me help you write.	**-Déjame ayudarte a escribir.**
	(DEH-ha-meh ah-yoo-dahr-teh ah ehs-kree-beer)
You can trace my letters.	**-Puedes rastrear mis letras.**
	(pweh-dehs rahs-treh-ahr mees leh-trahs)
Make space for each new word.	**-Haz un espacio entre cada palabra nueva.**
	(ahs oon ehs-pah-syoh ehn-treh kah-dah pah-lah-brah nweh-bah)
Great job.	**-Gran Trabajo.**
	(grahn trah-bah-hoh)

QUESTIONS TO ASK WHILE YOU'RE WORKING TOGETHER

What are some ways your teacher asks everyone to pay attention?	**¿De qué maneras tu maestro les pide a todos que presten atención?**
	(deh KEH mah-neh-rahs too mah-ehs-tro lehs pee-deh ah toh-dohs keh prehs-tehn ah-tehn-SYOHN)
Silence. Please.	**Silencio. Por favor.**
	(see-lehn-syoh pohr fah-bohr)
Attentive Eyes. (Attention)	**Ojos atentos.**
	(oh-hohs ah-tehn-tohs)
Listen up class.	**Clase escuchen.**
	(klah-seh esh-koo-chehn)

My teacher tells us to be quiet.
Mi maestro(a) nos dice que nos quedemos callados.
(mee may-ehs-troh nohs dee-seh keh nohs keh-deh-mohs kah-yah-dohs)

WRITING

Let's read and write the sentence.   **-Vamos a leer y escribir la frase.**

(vah-mohs ah lee-ehr ee ehs-kree-beer lah frah-seh)

Let me help you write.   **-Déjame ayudarte a escribir.**

(DEH-ha-meh ah-yoo-dahr-teh ah ehs-kree-beer)

You can trace my letters.   **-Puedes rastrear mis letras.**

(pweh-dehs rahs-treh-ahr mees leh-trahs)

Make space for each new word.   **-Haz un espacio entre cada palabra nueva.**

(ahs oon ehs-pah-syoh ehn-treh kah-dah pah-lah-brah nweh-bah)

Great job.   **-Gran Trabajo.**

(grahn trah-bah-hoh)

QUESTIONS TO ASK WHILE YOU'RE WORKING TOGETHER

What other songs do you sing?   **-¿Qué otras canciones cantas?**

(KEH oh-trahs kahn-syohn kahn-tahs)

Let's go on Youtube and find other songs to sing.   **Vamos a YouTube y busquemos otras canciones para cantar.**

(vah-mohs ah Youtube ee buhs-keh-mohs oh-trahs kahn-syohn-ehs pah-rah kahn-tahr)

Look for: "Diez Deditos"

           "De Colores"

I love this song.   **-Me encanta esta canción.**

(meh ehn-kahn-tah ehs-ta kahn-SYOHN)

We sing songs in class.
Cantamos canciones en clase.
(kahn-tah-mohs kahn-syohn-es ehn klah-seh)

WRITING

Let's read and write the sentence.	**-Vamos a leer y escribir la frase.**
	(vah-mohs ah lee-ehr ee ehs-kree-beer lah frah-seh)
Let me help you write.	**-Déjame ayudarte a escribir.**
	(DEH-ha-meh ah-yoo-dahr-teh ah ehs-kree-beer)
You can trace my letters.	**-Puedes rastrear mis letras.**
	(pweh-dehs rahs-treh-ahr mees leh-trahs)
Make space for each new word.	**-Haz un espacio entre cada palabra nueva.**
	(ahs oon ehs-pah-syoh ehn-treh kah-dah pah-lah-brah nweh-bah)
Great job.	**-Gran Trabajo.** *(grahn trah-bah-hoh)*

QUESTIONS TO ASK WHILE YOU'RE WORKING TOGETHER

Do you know how to say the Pledge of Allegiance?

¿Sabes cómo decir el Juramento de Lealtad?
(sah-behs KOH-moh deh-seer ehl hoo-rah-mehn-toh deh leh-ahl-tahd)

I pledge allegiance to the flag of the United States of America, and to the republic for which it stands, one nation under God, indivisible, with liberty and justice for all.

*Yo prometo lealtad a la bandera de los Estados Unidos de América,
y a la república que representa,
una nación, ante Dios,
indivisible, con libertad y justicia para todos.*

(yoh proh-meh-toh leh-ahl-tahd ah lah bahn-deh-rah deh lohs ehs-tah-dohs oo-nee-dohs deh Ah-meh-ree-ka ee ah la ree-POOH-blee-kah keh reh-preh-sehn-tah oo-nah nah-SYOHN, ahn-teh Dyohs, ihn-dih-vih-zih-buhl, kohn lee-behr-tahd ee hoos-tee-syah pah-rah toh-dohs)

We recite the Pledge of Allegiance.
Recitamos el Juramento de Lealtad.
(rreh-see-tah-mohs ehl hoo-rah-mehn-toh deh leh-ahl-tad)

WRITING

Let's read and write the sentence.	**-Vamos a leer y escribir la frase.**
	(vah-mohs ah lee-ehr ee ehs-kree-beer lah frah-seh)
Let me help you write.	**-Déjame ayudarte a escribir.**
	(DEH-ha-meh ah-yoo-dahr-teh ah ehs-kree-beer)
You can trace my letters.	**-Puedes rastrear mis letras.**
	(pweh-dehs rahs-treh-ahr mees leh-trahs)
Make space for each new word.	**-Haz un espacio entre cada palabra nueva.**
	(ahs oon ehs-pah-syoh ehn-treh kah-dah pah-lah-brah nweh-bah)
Great job.	**-Gran Trabajo.**
	(grahn trah-bah-hoh)

QUESTIONS TO ASK WHILE YOU'RE WORKING TOGETHER

Do you have a pet in your class?	**¿Tienes una mascota en tu clase?**
	(tee-ehn-ehs oo-nah mahs-koh-tah ehn too klah-seh)
What's its name?	**¿Cómo se llama?** *(KOH-moh seh yah-mah)*
Do you like it?	**¿Te gusta?** *(teh goos-tah)*
What does it do in its cage?	**¿Qué hace en su jaula?**
	(KEH ah-seh ehn soo how-lah)
Eats, drinks water, and sleeps.	**Come, bebe agua, y duerme.**
	(koh-meh, beh-beh ah-gwah, ee dwer-meh)
Does your teacher take it out of its cage?	**¿Tu profesor lo saca de su jaula?**
	(too pruh-fehs-uhr loh sah-kah deh soo how-lah)

We have a pet hamster.
Tenemos un hámster de mascota.
(teh-neh-mohs oon AHMS-tehr deh mahs-koh-tah)

WRITING

Let's read and write the sentence. **-Vamos a leer y escribir la frase.**
(vah-mohs ah lee-ehr ee ehs-kree-beer lah frah-seh)

Let me help you write. **-Déjame ayudarte a escribir.**
(DEH-ha-meh ah-yoo-dahr-teh ah ehs-kree-beer)

You can trace my letters. **-Puedes rastrear mis letras.**
(pweh-dehs rahs-treh-ahr mees leh-trahs)

Make space for each new word. **-Haz un espacio entre cada palabra nueva.**
(ahs oon ehs-pah-syoh ehn-treh kah-dah pah-lah-brah nweh-bah)

Great job. **-Gran Trabajo.**
(grahn trah-bah-hoh)

QUESTIONS TO ASK WHILE YOU'RE WORKING TOGETHER

What kind of snacks do you like? **¿Qué tipo de bocadillos te gustan?**
(KEH tee-poh deh boh-kah-dee-yohs teh goos-tahn)

Fruit? **-¿Fruta?** *(froo-tah)*
Apples? **-¿Manzanas?** *(mahn-sah-nahs)*
Yogurt? **-¿Yogur?** *(yoh-goorr)*

Cereal bar? **-¿Barra de cereal?** *(bah-rrah deh seh-reh-ahl)*

Do you have something to drink? **-¿Tienes algo para beber?**
(tee-eh-ness ahl-goh pah-rah beh-behr)

Is there a water fountain? **-¿Hay una fuente de agua?**
(ay oo-nah fwehn-teh de ah-gwah)

I like recess.
Me gusta el recreo.
(mee goos-tah ehl rreh-kreh-oh)

WRITING

Let's read and write the sentence.	**-Vamos a leer y escribir la frase.**
	(vah-mohs ah lee-ehr ee ehs-kree-beer lah frah-seh)
Let me help you write.	**-Déjame ayudarte a escribir.**
	(DEH-ha-meh ah-yoo-dahr-teh ah ehs-kree-beer)
You can trace my letters.	**-Puedes rastrear mis letras.**
	(pweh-dehs rahs-treh-ahr mees leh-trahs)
Make space for each new word.	**-Haz un espacio entre cada palabra nueva.**
	(ahs oon ehs-pah-syoh ehn-treh kah-dah pah-lah-brah nweh-bah)
Great job.	**-Gran Trabajo.**
	(grahn trah-bah-hoh)

QUESTIONS TO ASK WHILE YOU'RE WORKING TOGETHER

Can you earn points in class for a prize?	**-¿Puedes ganar puntos en clase por un premio?**
	(pweh-dehs gah-nahr poon-tohs ehn klah-seh pohr oon preh-myoh)
What's in the prize box?	**-¿Qué hay en la caja de premios?**
	(KEH ay ehn lah kah-hah deh preh-myohs)
Toys?	**-¿Juguetes?**
	(hoo-geh-tehs)
How do you earn points in class?	**-¿Cómo se ganan puntos en la clase?**
	(KOH-moh seh gah-nahn poon-tohs ehn lah klah-seh)
Do you have to be a good listener?	**-¿Tienes que ser un buen oyente?**
	(tee-eh-nehs keh sehr oon bwehn oh-yehn-teh)

I like to earn points for our prize box.
Me gusta ganar puntos
para nuestra caja de premios.
*(meh goos-tah gah-nahr pooh-tohs
pah-rah nwehs-trah kah-hah deh preh-myohs)*

COLOR AND SEARCH

QUESTIONS TO ASK	**QUESTIONS TO ASK**

It looks like he is in the park riding a bike.

-Parece que está en el parque montando una bicicleta.
(pah-reh-seh keh ehs-TAH ehn ehl pahr-keh mohn-tahn-doh oo-nah bee-see-kleh-tah)

Do you like riding a bike?

-¿Te gusta andar en bicicleta?
(teh goos-tah ahn-dahr ehn bee-see-kleh-tah)

Is it hard or easy?

-¿Es difícil o fácil?
(ehs dee-FEE-seel oh FAH-seel)

It's fun though, right?

-Pero, es divertido, ¿verdad?
(peh-roh ehs dee-behr-tee-doh, behr-dahd)

How many kites do you see?
Three.

-¿Cuántas cometas ves?
Tres.
(KWAHN-tahs koh-meh-tahs behs. trehs)

How many dogs are there?
Two.

-¿Cuántos perros hay?
Dos.
(KWAHN-tohs peh-rrohs ay. dohs)

Is this a soccer ball or baseball?
Soccer ball.

-¿Es una pelota de fútbol o de béisbol?
Es de fútbol.
(ehs oo-nah peh-loh-tah deh FOOT-bohl oh deh BEYS-bohl. FOOT-bohl)

The Park
El Parque
(ehl pahr-keh)

COLOR AND SEARCH

QUESTIONS TO ASK

What is she doing?	-¿Qué está haciendo?
Playing with a doll.	**Está jugando con una muñeca.**
	(KEH ehs-TAH ah-see-ehn-doh.
	ehs-TAH ooh-gahn-doh kohn oo-nah
	moo-nyeh-kah)
Let's count the number of cars there are on this page.	-Vamos a contar el número de carros que hay en esta página.
	(vah-mohs ah kohn-tahr ehl NOO-meh-roh
	deh kah-rrohs keh ay ehn ehs-tah
	PAH-hee-nah)

1 - One   *1 - Uno (oo-noh)*
2 - Two   *2 - Dos (dohs)*
3 - Three   *3 - Tres (trehs)*
4 - Four   *4 - Cuatro (kwah-troh)*
5 - Five   *5 - Cinco (sin-koh)*

How many dolls do you see?   -¿Cuántas muñecas ves?
(KWAHN-tahs moo-nyeh-kahs behs)

How many teddy bears do you see?   -¿Cuántos osos de peluche ves?
(KWAHN-tohs oh-sohs deh peh-loo-cheh behs)

What is your favorite toy?   -¿Cuál es tu juguete favorito?
(KWAHL ehs too hoo-geh-teh fah-boh-ree-toh)

Playtime
Tiempo de Jugar
(tyehm-poh deh hweh-gahr)

COLOR AND SEARCH

QUESTIONS TO ASK

He is in a library.	-Él está en una biblioteca.
	(EHL ehs-TAH ehn oo-nah bee-blyoh-teh-kah)

Do you have a library in your school?
-¿Tienes una biblioteca en tu escuela?
(tee-eh-nehs oo-nah bee-blyoh-teh-kah ehn too ehs-kweh-lah)

Do you like when we go to the library together?
-¿Te gusta cuando vamos juntos a la biblioteca?
(teh goos-tah kwahn-doh vah-mohs hoon-tohs ah lah bee-blyoh-teh-kah)

Point to the globe.
A globe is a model of earth.
-Señala al Globo.
Un globo es un modelo de la Tierra.
(seh-nyah-lah ahl gloh-boh. oon gloh-boh ehs oon moh-deh-loh deh lah tyeh-rrah)

What kind of shoes is he wearing?
Rain boots.
-¿Qué tipo de zapatos lleva puesto?
Botas de goma.
(KEH tee-poh deh sah-pah-tohs yeh-bah pwehs-toh? boh-tahs deh goh-mah)

How many books do you see on the table?
-¿Cuántos libros ves en la mesa?
(KWAHN-tohs lee-brohs behs ehn lah meh-sah)

How many tables do you see?
-¿Cuántas mesas ves?
(KWAHN-tohs meh-sahs behs)

How many chairs?
-¿Cuántas sillas? (KWAHN-tahs see-yahs)

Library
La Biblioteca
(lah bee-blyoh-teh-kah)

COLOR AND SEARCH

QUESTIONS TO ASK

Point to the tomatoes.	-**Señala los tomates.** *(seh-nyah-lah lohs toh-mah-tehs)*
How many heads of lettuce do you see?	-**¿Cuántas cabezas de lechuga ves?** *(KWAHN-tahs kah-beh-sahs deh leh-choo-gah behs)*
Two.	-**Dos.** *(dohs)*
What color do you want to use to color the lettuce?	-**¿Qué color quieres usar para colorear la lechuga?** *(KEH koh-lohr kee-ehr-ehs oo-sahr pah-rah koh-loh-reh-ahr lah leh-choo-gah)*
Green.	-**Verde.** *(behr-deh)*
What is she wearing on her head?	-**¿Qué lleva puesto en su cabeza?** *(KEH hweh-vah pwehs-toh ehn soo kah-beh-sah)*
A hat.	-**Un Sombrero.** *(oon sohm-breh-rroh)*
Is her cart empty or full?	-**¿Su carrito está vacío o lleno?** *(soo cah-rree-toh ehs-TAH vah-SYOH oh yeh-noh)*
What else do you see in the picture?	-**¿Qué más ves en la foto?** *(KEH MAHS behs ehn lah foh-toh)*
Carrots	-**Las Zanahorias** *(lahs sah-nah-oh-ryahs)*
Broccoli	-**Brócoli** *(BROH-koh-lee)*
Milk	-**Leche** *(leh-cheh)*
Butter	-**Mantequilla** *(mahn-teh-kee-yah)*

Grocery Store
El Supermercado
(ehl soo-pehr-mehr-kah-doh)

Want to do a maze together?

¿Quieres hacer un laberinto juntos?

*(kee-ehr-ehs ah-sehr oon
lah-beh-reen-toh hoon-tohs)*

PHRASES TO USE

Let's do a maze after we complete three pages together.	**Vamos a hacer un laberinto después de completar tres páginas juntos.** *(vah-mohs ah ah-sehr oon lah-bah-reen-toh dehs-pwehs deh kohm-pleh-tahr trehs PAH-hee-nahs hoon-tohs)*
Great work today.	**Gran trabajo hoy.** *(grahn trah-bah-ho oy)*
It'll be a challenge.	**Será un desafío.** *(seh-RAH oon dehs-ah-FEE-oh)*
This will be fun.	**Esto será divertido.** *(ehs-toh seh-RAH dee-behr-tee-doh)*
Very good.	**Muy bien.** *(mwee byehn)*
Thank you for trying.	**Gracias por intentarlo.** *(grah-syahs pohr een-tehn-tahr-loh)*

MAZE GAME 1

USE PHRASES THAT ARE APPLICABLE TO YOU

Let's try this maze. — **-Vamos a probar este laberinto.**
(vah-mohs ah proh-bahr ehs-teh lah-beh-reen-toh)

Start here and find your way out. — **-Empieza aquí y encuentra la salida.**
(ehm-pey-eh-sah ah-KEE ee ehn-kwen-trah lah sah-lee-dah)

Can I help you? — **-¿Te puedo ayudar?**
(teh pweh-doh ay-ooh-dahr)

Turn right. — **-Gira a la derecha.**
(hee-rah ah lah deh-reh-chah)

Turn left. — **-Girar a la izquierda.**
(hee-rah ah lah ees-kyehr-dah)

Down. — **-Abajo.** *(ah-bah-hoh)*

Up. — **-Arriba.** *(ah-rree-bah)*

Stop there. — **-Para allí.** *(pah-rah ah-YEE)*

Oh no! We're stuck. — **-Ay no! Estamos atorados.**
(ay no! ehs-tah-mohs ah-tohr-ah-dohs)

Try again. — **-Intenta de nuevo.**
(een-tehn-tah deh nweh-boh)

We did it. — **-Lo hicimos.**
(loh ee-see-mohs)

ANSWER KEY
Use your hand to shield this Answer Key

87

Maze 1
Laberinto Uno
(lah-beh-reen-toh oo-noh)

Start - **El Comienzo** *(ehl koh-myehn-soh)*

End - **El Final** *(ehl fee-nahl)*

MAZE GAME 2

USE PHRASES THAT ARE APPLICABLE TO YOU

Let's try this maze.	-**Vamos a probar este laberinto.** *(vah-mohs ah proh-bahr ehs-teh lah-beh-reen-toh)*
Start here and find your way out.	-**Empieza aquí y encuentra la salida.** *(ehm-pey-eh-sah ah-KEE ee ehn-kwen-trah lah sah-lee-dah)*
Can I help you?	-**¿Te puedo ayudar?** *(teh pweh-doh ay-ooh-dahr)*
Turn right.	-**Gira a la derecha.** *(hee-rah ah lah deh-reh-chah)*
Turn left.	-**Girar a la izquierda.** *(hee-rah ah lah ees-kyehr-dah)*
Down.	-**Abajo.** *(ah-bah-hoh)*
Up.	-**Arriba.** *(ah-rree-bah)*
Stop there.	-**Para allí.** *(pah-rah ah-YEE)*
Oh no! We're stuck.	-**Ay no! Estamos atorados.** *(ay no! ehs-tah-mohs ah-tohr-ah-dohs)*
Try again.	-**Intenta de nuevo.** *(een-tehn-tah deh nweh-boh)*
We did it.	-**Lo hicimos.** *(loh ee-see-mohs)*

ANSWER KEY
Use your hand to shield this Answer Key

Maze 2
Laberinto Dos
(lah-beh-reen-toh dohs)

Start -**El Comienzo** (ehl koh-myehn-soh)

End - **El Final** (ehl fee-nahl)

MAZE GAME 3

USE PHRASES THAT ARE APPLICABLE TO YOU

Let's try this maze.	-**Vamos a probar este laberinto.** *(vah-mohs ah proh-bahr ehs-teh lah-beh-reen-toh)*
Start here and find your way out.	-**Empieza aquí y encuentra la salida.** *(ehm-pey-eh-sah ah-KEE ee ehn-kwen-trah lah sah-lee-dah)*
Can I help you?	-**¿Te puedo ayudar?** *(teh pweh-doh ay-ooh-dahr)*
Turn right.	-**Gira a la derecha.** *(hee-rah ah lah deh-reh-chah)*
Turn left.	-**Girar a la izquierda.** *(hee-rah ah lah ees-kyehr-dah)*
Down.	-**Abajo.** *(ah-bah-hoh)*
Up.	-**Arriba.** *(ah-rree-bah)*
Stop there.	-**Para allí.** *(pah-rah ah-YEE)*
Oh no! We're stuck.	-**Ay no! Estamos atorados.** *(ay no! ehs-tah-mohs ah-tohr-ah-dohs)*
Try again.	-**Intenta de nuevo.** *(een-tehn-tah deh nweh-boh)*
We did it.	-**Lo hicimos.** *(loh ee-see-mohs)*

**ANSWER KEY
Use your hand to shield this Answer Key**

Maze 3
Laberinto Tres
(lah-beh-reen-toh trehs)

Start **-El Comienzo** *(ehl koh-myehn-soh)*

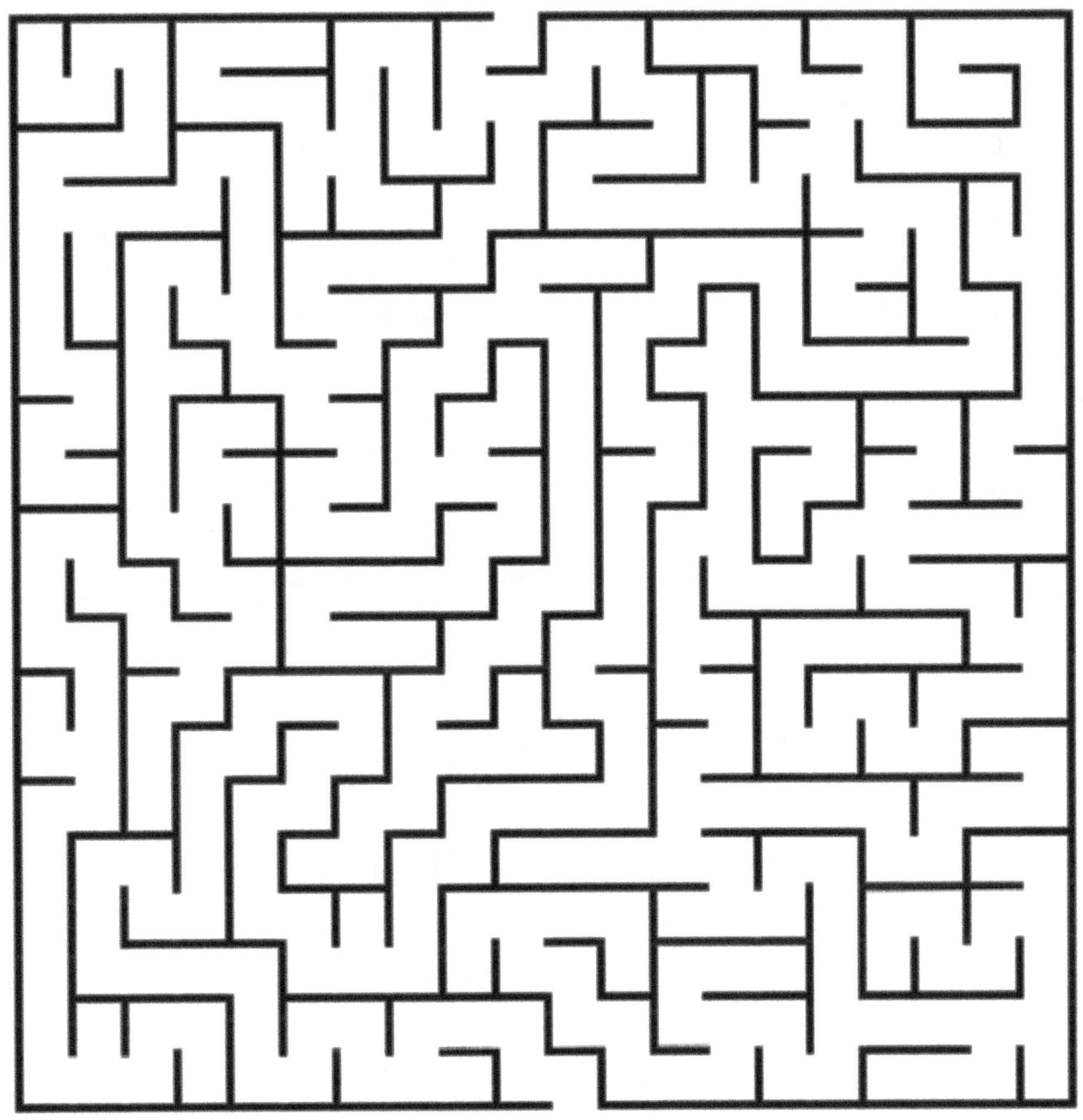

End **- El Final** *(ehl fee-nahl)*

MAZE GAME 4

USE PHRASES THAT ARE APPLICABLE TO YOU

Let's try this maze.	-**Vamos a probar este laberinto.** *(vah-mohs ah proh-bahr ehs-teh lah-beh-reen-toh)*
Start here and find your way out.	-**Empieza aquí y encuentra la salida.** *(ehm-pey-eh-sah ah-KEE ee ehn-kwen-trah lah sah-lee-dah)*
Can I help you?	-**¿Te puedo ayudar?** *(teh pweh-doh ay-ooh-dahr)*
Turn right.	-**Gira a la derecha.** *(hee-rah ah lah deh-reh-chah)*
Turn left.	-**Girar a la izquierda.** *(hee-rah ah lah ees-kyehr-dah)*
Down.	-**Abajo.** *(ah-bah-hoh)*
Up.	-**Arriba.** *(ah-rree-bah)*
Stop there.	-**Para allí.** *(pah-rah ah-YEE)*
Oh no! We're stuck.	-**Ay no! Estamos atorados.** *(ay no! ehs-tah-mohs ah-tohr-ah-dohs)*
Try again.	-**Intenta de nuevo.** *(een-tehn-tah deh nweh-boh)*
We did it.	-**Lo hicimos.** *(loh ee-see-mohs)*

ANSWER KEY
Use your hand to shield this Answer Key

Maze 4
Laberinto Cuatro
(lah-beh-reen-toh kwah-troh)

Start **-El Comienzo** *(ehl koh-myehn-soh)*

End **-El Final** *(ehl fee-nahl)*

MAZE GAME 5

USE PHRASES THAT ARE APPLICABLE TO YOU

Let's try this maze.
-Vamos a probar este laberinto.
(vah-mohs ah proh-bahr ehs-teh lah-beh-reen-toh)

Start here and find your way out.
-Empieza aquí y encuentra la salida.
(ehm-pey-eh-sah ah-KEE ee ehn-kwen-trah lah sah-lee-dah)

Can I help you?
-¿Te puedo ayudar?
(teh pweh-doh ay-ooh-dahr)

Turn right.
-Gira a la derecha.
(hee-rah ah lah deh-reh-chah)

Turn left.
-Girar a la izquierda.
(hee-rah ah lah ees-kyehr-dah)

Down.
-Abajo. *(ah-bah-hoh)*

Up.
-Arriba. *(ah-rree-bah)*

Stop there.
-Para allí. *(pah-rah ah-YEE)*

Oh no! We're stuck.
-Ay no! Estamos atorados.
(ay no! ehs-tah-mohs ah-tohr-ah-dohs)

Try again.
-Intenta de nuevo.
(een-tehn-tah deh nweh-boh)

We did it.
-Lo hicimos.
(loh ee-see-mohs)

ANSWER KEY
Use your hand to shield this Answer Key

Maze 5
Laberinto Cinco
(lah-beh-reen-toh sin-koh)

Start **-El Comienzo** *(ehl koh-myehn-soh)*

End **-El Final** *(ehl fee-nahl)*

MAZE GAME 6

USE PHRASES THAT ARE APPLICABLE TO YOU

Do you want to try the maze by yourself?	-¿Quieres probar el laberinto por ti mismo? *(kee-eh-rehs proh-bahr ehl lah-beh-reen-toh pohr tee mees-moh)*
Nice try.	-Buen intento. *(bwen een-tehn-toh)*
Can I help you?	-¿Te puedo ayudar? *(teh pweh-doh ah-yoo-dahr)*
Let me see.	-Déjame ver. *(DEH-hah-meh behr)*
This is challenging.	-Esto es un reto. *(ehs-toh ehs oon reh-toh)*
Can you help me?	-¿Me puedes ayudar? *(meh pweh-dehs ah-yoo-dahr)*
Which way should we go?	-¿Hacia dónde debemos ir? *(ah-syah DOHN-deh deh-beh-mohs eer)*
Left / Right	-A la izqierda / A la derecha *(ah lah ees-kyehr-dah)* *(ah lah deh-reh-chah)*
Up / Down	-Arriba / Abajo *(ah-rree-bah)* *(ah-bah-hoh)*
We did it.	-Lo hicimos. *(loh ee-see-mohs)*

ANSWER KEY
Use your hand to shield this Answer Key

Maze 6
Laberinto Seis
(lah-beh-reen-toh seys)

Start **-El Comienzo** *(ehl koh-myehn-soh)*

End **-El Final** *(ehl fee-nahl)*

MAZE GAME 7

USE PHRASES THAT ARE APPLICABLE TO YOU

Do you want to try
the maze by yourself?
  -¿Quieres probar el laberinto por ti mismo?
   (kee-eh-rehs proh-bahr ehl lah-beh-reen-toh pohr tee mees-moh)

Nice try.
  -Buen intento.
   (bwen een-tehn-toh)

Can I help you?
  -¿Te puedo ayudar?
   (teh pweh-doh ah-yoo-dahr)

Let me see.
  -Déjame ver.
   (DEH-hah-meh behr)

This is challenging.
  -Esto es un reto.
   (ehs-toh ehs oon reh-toh)

Can you help me?
  -¿Me puedes ayudar?
   (meh pweh-dehs ah-yoo-dahr)

Which way should we go?
  -¿Hacia dónde debemos ir?
   (ah-syah DOHN-deh deh-beh-mohs eer)

Left / Right
  -A la izqierda / A la derecha
   (ah lah ees-kyehr-dah)
   (ah lah deh-reh-chah)

Up / Down
  -Arriba / Abajo
   (ah-rree-bah)
   (ah-bah-hoh)

We did it.
  -Lo hicimos.
   (loh ee-see-mohs)

**ANSWER KEY
Use your hand to shield the this Answer Key**

Maze 7
Laberinto Siete
(lah-beh-reen-toh syeh-teh)

Start **-El Comienzo** *(ehl koh-myehn-soh)*

End **-El Final** *(ehl fee-nahl)*

MAZE GAME 8

USE PHRASES THAT ARE APPLICABLE TO YOU

Do you want to try
the maze by yourself?

-¿Quieres probar el laberinto por ti mismo?
(kee-eh-rehs proh-bahr ehl lah-beh-reen-toh pohr tee mees-moh)

Nice try.

-Buen intento.
(bwen een-tehn-toh)

Can I help you?

-¿Te puedo ayudar?
(teh pweh-doh ah-yoo-dahr)

Let me see.

-Déjame ver.
(DEH-hah-meh behr)

This is challenging.

-Esto es un reto.
(ehs-toh ehs oon reh-toh)

Can you help me?

-¿Me puedes ayudar?
(meh pweh-dehs ah-yoo-dahr)

Which way should we go?

-¿Hacia dónde debemos ir?
(ah-syah DOHN-deh deh-beh-mohs eer)

Left / Right

-A la izqierda / A la derecha
(ah lah ees-kyehr-dah)
(ah lah deh-reh-chah)

Up / Down

-Arriba / Abajo
(ah-rree-bah)
(ah-bah-hoh)

We did it.

-Lo hicimos.
(loh ee-see-mohs)

ANSWER KEY
Use your hand to shield the this Answer Key

Maze 8
Laberinto Ocho
(lah-beh-reen-toh oh-choh)

Start **-El Comienzo** *(ehl koh-myehn-soh)*

End **-El Final** *(ehl fee-nahl)*

MAZE GAME 9

USE PHRASES THAT ARE APPLICABLE TO YOU

Do you want to try the maze by yourself?	**-¿Quieres probar el laberinto por ti mismo?** *(kee-eh-rehs proh-bahr ehl lah-beh-reen-toh pohr tee mees-moh)*
Nice try.	**-Buen intento.** *(bwen een-tehn-toh)*
Can I help you?	**-¿Te puedo ayudar?** *(teh pweh-doh ah-yoo-dahr)*
Let me see.	**-Déjame ver.** *(DEH-hah-meh behr)*
This is challenging.	**-Esto es un reto.** *(ehs-toh ehs oon reh-toh)*
Can you help me?	**-¿Me puedes ayudar?** *(meh pweh-dehs ah-yoo-dahr)*
Which way should we go?	**-¿Hacia dónde debemos ir?** *(ah-syah DOHN-deh deh-beh-mohs eer)*
Left / Right	**-A la izqierda / A la derecha** *(ah lah ees-kyehr-dah)* *(ah lah deh-reh-chah)*
Up / Down	**-Arriba / Abajo** *(ah-rree-bah)* *(ah-bah-hoh)*
We did it.	**-Lo hicimos.** *(loh ee-see-mohs)*

ANSWER KEY
Use your hand to shield the this Answer Key

103

Maze 9
Laberinto Nueve
(lah-beh-reen-toh nweh-veh)

Start **-El Comienzo** *(ehl koh-myehn-soh)*

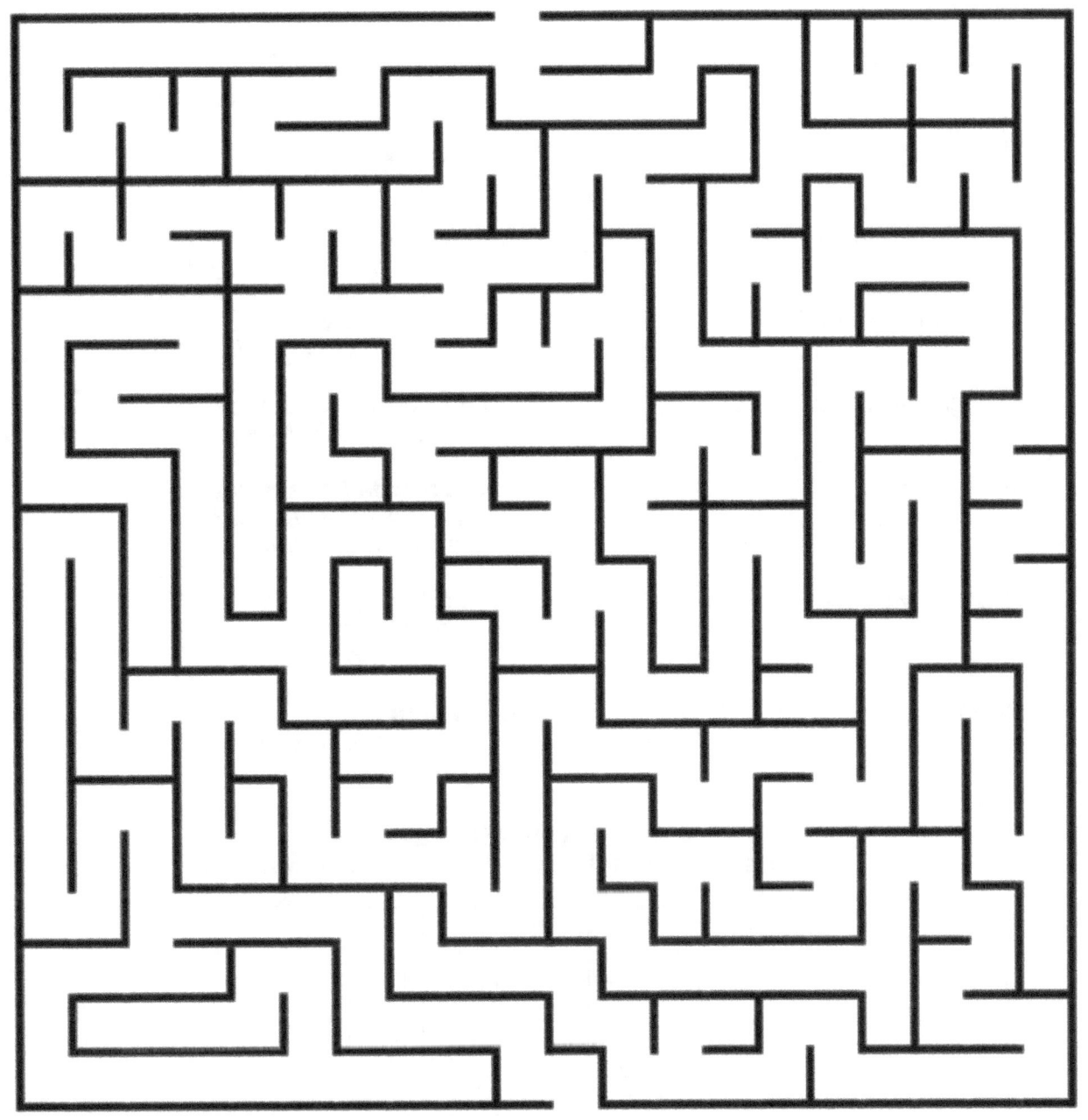

End **-El Final** *(ehl fee-nahl)*

104

MAZE GAME 10

USE PHRASES THAT ARE APPLICABLE TO YOU

Do you want to try the maze by yourself?	-¿Quieres probar el laberinto por ti mismo? *(kee-eh-rehs proh-bahr ehl lah-beh-reen-toh pohr tee mees-moh)*
Nice try.	-**Buen intento.** *(bwen een-tehn-toh)*
Can I help you?	-¿**Te puedo ayudar?** *(teh pweh-doh ah-yoo-dahr)*
Let me see.	-**Déjame ver.** *(DEH-hah-meh behr)*
This is challenging.	-**Esto es un reto.** *(ehs-toh ehs oon reh-toh)*
Can you help me?	-¿**Me puedes ayudar?** *(meh pweh-dehs ah-yoo-dahr)*
Which way should we go?	-¿**Hacia dónde debemos ir?** *(ah-syah DOHN-deh deh-beh-mohs eer)*
Left / Right	-**A la izqierda / A la derecha** *(ah lah ees-kyehr-dah)* *(ah lah deh-reh-chah)*
Up / Down	-**Arriba / Abajo** *(ah-rree-bah)* *(ah-bah-hoh)*
We did it.	-**Lo hicimos.** *(loh ee-see-mohs)*

ANSWER KEY
Use your hand to shield the this Answer Key

Maze 10
Laberinto Diez
(lah-beh-reen-toh dee-ehz)

Start **-El Comienzo** *(ehl koh-myehn-soh)*

End **-El Final** *(ehl fee-nahl)*

Kindergarten Frequently Used Words

a/an	**un** *(oon)*	of	**de** *(deh)*
the (singular)	**el / la** *(ehl / lah)*	the (plural)	**los / las** *(lohs / lahs)*
I	**yo** *(yoh)*	like	**gusta** *(goo-stah)*
am	**soy** *(soy)*	she	**ella** *(ey-yah)*
and	**y** *(ee)*	see	**veo** *(beh-yoh)*
is	**es** *(ehs)*	with	**con** *(kohn)*
to	**para** *(pah-rah)*	it	**eso** *(eh-soh)*
in	**en** *(ehn)*	what	**qué** *(keh)*
this	**esto** *(ehs-toh)*	very	**muy** *(mwee)*
that	**ese** *(eh-seh)*	also	**también** *(tahm-bee-EHN)*
we	**nosotros** *(noh-soh-trohs)*	here	**aquí** *(ah-KEE)*
all	**todo** *(toh-doh)*	said	**dijo** *(dee-hoh)*
by/for	**por** *(pohr)*	I go	**voy** *(voy)*
my	**mi** *(mi)*	was	**fue** *(fweh)*
to the	**al** *(ahl)*	I have	**tengo** *(tehn-goh)*
how	**como** *(koh-moh)*	not	**no es** *(noh ehs)*
I can	**puedo** *(pweh-doh)*	on	**sobre** *(soh-breh)*

HELPFUL QUESTIONS & VERBS TO KNOW

It is..?	¿Es eso? (ehs eh-soh)	To Have	tener (teh-nehr)
Who?	¿Quién? (kee-EHN)	To Learn	aprender (ah-prehn-dehr)
How?	¿Cómo? (KOH-moh)	To Like	gustar (goo-stahr)
What?	¿Qué? (KEH)	To Listen	escuchar (ehs-koo-chahr)
When?	¿Cuándo? (KWAHN-doh)	To Look At	mirar (mee-rahr)
Where?	¿Dónde? (DOHN-deh)	To Look For	buscar (boohs-kahr)
Why?	¿Por qué? (pohr KEH)	To Notice	ver (vehr)
To Answer	responder (rehs-pohn-dehr)	To Play	jugar (hooh-gahr)
To Ask for something	pedir (peh-deer)	To Wash	lavar (lah-vahr)
To Want	querer (keh-rehr)	To Wait	esperar (ehs-peh-rahr)
To Come	venir (veh-neer)	To Understand	comprender (kohm-prehn-dehr)
To Compare	comparar (kohm-pah-rahr)	To Put	poner (poh-nehr)
To Count	contar (kohn-tahr)	To Think	pensar (pehn-sahr)
To Describe	describir (dehs-kree-beer)	To Repeat	repetir (reh-peh-teer)
To Do/Make	hacer (ah-sehr)	To Talk	hablar (ah-blahr)
To Draw	dibujar (dee-boo-hahr)	To Tell/Say	decir (deh-seer)
To Go	ir (eer)	To Read	leer (lee-ehr)

www.ingramcontent.com/pod-product-compliance
Lightning Source LLC
Chambersburg PA
CBHW081417080526
44589CB00016B/2578